DECIFRE SUA PERSONALIDADE

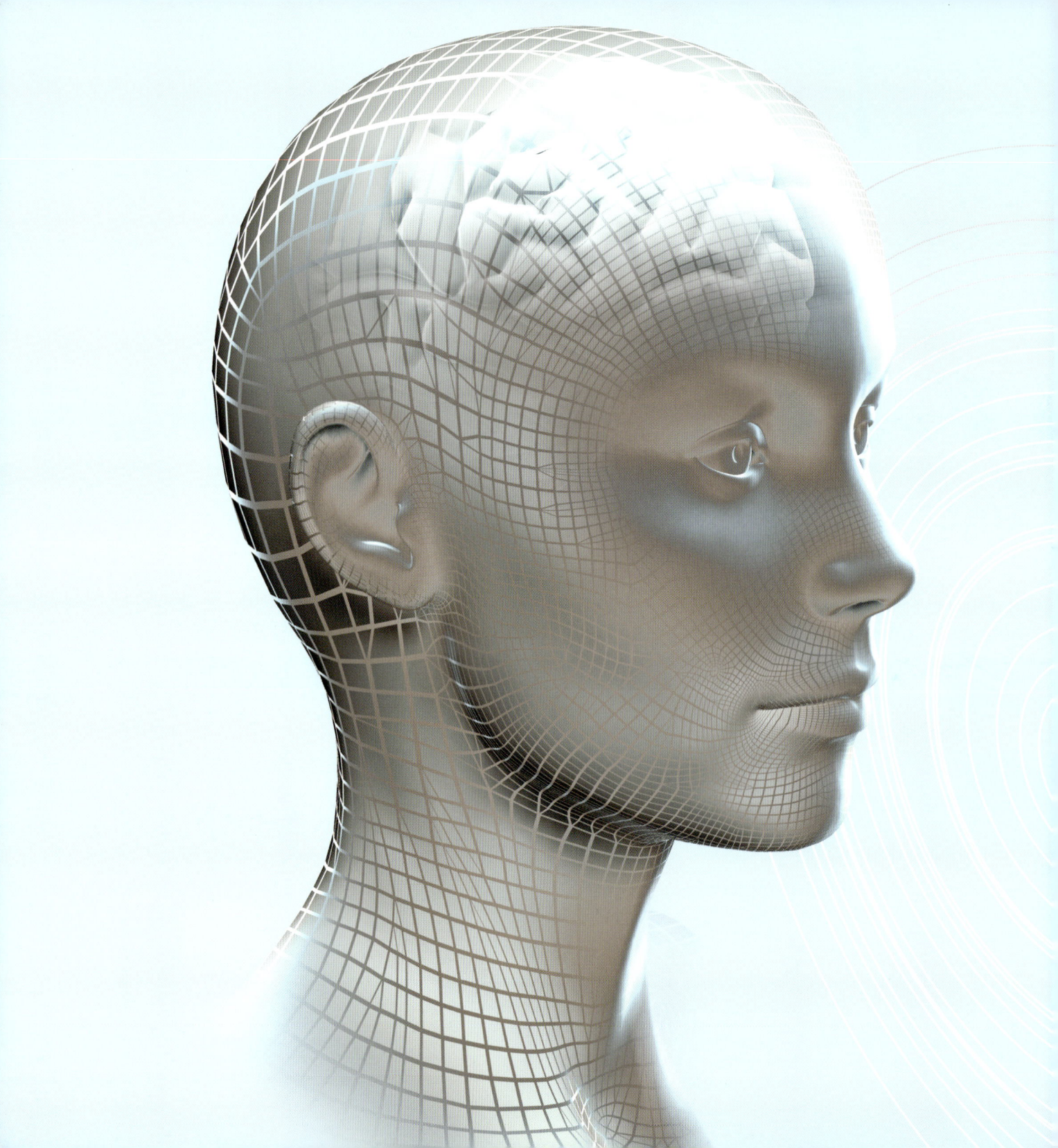

DECIFRE SUA PERSONALIDADE

Dezenas de maneiras comprovadas para avaliar o seu caráter e concluir se você possui o que precisa para ter sucesso nos negócios e nos relacionamentos

CLAIRE GORDON

Tradução:
HENRIQUE AMAT RÊGO MONTEIRO

EDITORA PENSAMENTO
São Paulo

Para minha família em constante crescimento.

Título original: *The Personality Profiler.*

Copyright © 2005 Serif Ltd.

Ilustrações e compilação © 2005 Carroll & Brown Limited.

Traduzido da edição original produzida pela Carroll & Brown Ltd., 20 Lonsdale Road, Queen's Park, London NW6 6RD.

Todos os direitos reservados. Nenhuma parte deste livro pode ser reproduzida ou usada de qualquer forma ou por qualquer meio, eletrônico ou mecânico, inclusive fotocópias, gravações ou sistema de armazenamento em banco de dados, sem permissão por escrito, exceto nos casos de trechos curtos citados em resenhas críticas ou artigos de revistas.

A Editora Pensamento-Cultrix Ltda. não se responsabiliza por eventuais mudanças ocorridas nos endereços convencionais ou eletrônicos citados neste livro.

Dados Internacionais de Catalogação na Publicação (CIP)
(Câmara Brasileira do Livro, SP, Brasil)

Gordon, Claire
  Decifre sua personalidade / Claire Gordon ; tradução Henrique Amat Rêgo Monteiro. – São Paulo : Pensamento, 2006.

  Título original: The personality profiler.
  ISBN 85-315-1438-X

  1. Auto-ajuda – Técnicas 2. Caráter 3. Personalidade – Avaliação 4. Realização pessoal 5. Relações interpessoais 6. Sucesso em negócios I. Título.

06-0586   CDD-158.1

Índices para catálogo sistemático:
1. Personalidade : Análise : Psicologia aplicada 158.1
2. Personalidade : Aperfeiçoamento : Psicologia aplicada 158.1

O primeiro número à esquerda indica a edição, ou reedição, desta obra. A primeira dezena à direita indica o ano em que esta edição, ou reedição, foi publicada.

Edição   Ano
1-2-3-4-5-6-7-8-9-10-11   06-07-08-09-10-11-12-13

Direitos de tradução para o Brasil
adquiridos com exclusividade pela
EDITORA PENSAMENTO-CULTRIX LTDA.
Rua Dr. Mário Vicente, 368 – 04270-000 – São Paulo, SP
Fone: 6166-9000 – Fax: 6166-9008
E-mail: pensamento@cultrix.com.br
http://www.pensamento-cultrix.com.br
que se reserva a propriedade literária desta tradução.

SUMÁRIO

O que é Personalidade? 6
Personalidade e Idade 8
Personalidade e Ordem de Nascimento 10
Qual Personalidade Prevalece? 12
As Drogas e os seus Efeitos Sobre a Personalidade 14
Os Cultos e a Personalidade 16
Breve Histórico da Avaliação da Personalidade 18
O Papel da Avaliação da Personalidade 20

Parte 1 Traços Subjetivos

O que São Traços Subjetivos? 24
Você é Quente ou Frio? 26
Qual é o seu Estilo de Pensamento? 28
As suas Emoções Estão Sob Controle? 30
Como Você Reage às Situações? 32
Atração Principal ou Papel Secundário? 34
Rebelde ou Conformista? 36
Retraído ou Ousado, Qual é o seu Estilo? 38
Qual é o seu Humor? 40
Os seus Sentimentos Prevalecem? 42
Você Confia nas Outras Pessoas? 44
Você Vive com os Pés no Chão ou com a Cabeça na Lua? 46
Você é Fácil de Interpretar? 48
Qual é a sua Cor? 50
Você se Sente Seguro? 52
Você é Flexível? 54
Você é um Animal Gregário? 56
Você Tem um Espírito Livre? 58
Você Gosta da Agitação ou do Sossego? 60
O seu Perfil dos Traços Subjetivos 62

Parte 2 Traços Objetivos

O que São Traços Objetivos? 66
Você se Expressa Bem? 68
Você Consegue Mudar a Opinião dos Outros? 70
Você Assume o Controle? 72
Você Tem Opiniões Firmes? 74
Você Adora Brincadeiras? 76
Você Gosta de Companhia? 78
Você Fica à Vontade com Estranhos? 80
Qual é o seu Número? 82
Você Sente Empatia? 84
Você é Modesto ou Presunçoso? 86
Você Estimula a Cooperação? 88
Qual é a sua Runa? 90
Você é Atencioso com os Outros? 92
O seu Perfil dos Traços Objetivos 94

Parte 3 Tipos Subjetivos

O que São Tipos Subjetivos? 98
Você é um Reformador? 100
Você Influencia as Pessoas? 102
Qual é o seu Dosha? 104
Você Motiva a Si Mesmo e aos Outros? 106
O seu Coração é um Livro Aberto? 108
Você Exercita os seus Neurônios? 110
Os Outros Podem Contar com Você? 112
Você Tem Interesses Variados? 114
Os Outros Seguem Você? 116
Qual a sua Deusa Egípcia? 118
Paz ou Guerra, o que Você Escolhe? 120
O seu Perfil dos Tipos Subjetivos 122

Parte 4 Tipos Objetivos

O que São Tipos Objetivos? 126
Você é uma Planta Engenhosa? 128
Você é um Coordenador? 130
Você é Capaz de Ponderar as Opções? 132
O que Revela a sua Letra? 134
Você Faz as Coisas Acontecerem? 136
Você Conclui as Coisas? 138
Você é um Artista no que Faz? 140
Você é um Bom Captador de Recursos? 142
Qual é o seu Animal Totêmico? 144
Você é um Formador de Opinião? 146
Você Trabalha Bem com os Outros? 148
Você se Aprofunda em Algum Assunto? 150
O seu Perfil dos Tipos Objetivos 152

Testes de Personalidade no Recrutamento 154
Testes de Personalidade... Além do Recrutamento 156
Índice Remissivo 158
Agradecimentos 160

O QUE É PERSONALIDADE?

Normalmente empregada na linguagem cotidiana para designar a identidade mental de uma pessoa, a *personalidade* caracteriza a maneira como pensamos, agimos e sentimos. Costumamos dizer, por exemplo, que uma pessoa tem "muita personalidade" ou é "uma personalidade notável" quando essa pessoa é extrovertida, excêntrica ou carismática. Além disso, entre os psicólogos, a personalidade tem ainda um significado técnico e especial.

Um dos principais motivos pelos quais a psicologia se distingue entre as ciências naturais deve-se à existência das diferenças pessoais. Duas moléculas de água tratadas de maneira idêntica reagem exatamente da mesma maneira, mas dois seres humanos quaisquer, mesmo gêmeos idênticos, podem reagir de maneira muito diferente quando alguém, por exemplo, rouba a vaga deles no estacionamento. A água em geral tem sempre a mesma aparência, mas as pessoas diferem umas das outras não só na aparência, mas também no comportamento, ou psicologicamente. Os psicólogos têm pesquisado, e continuam pesquisando, maneiras de explicar essas diferenças entre as pessoas. Eles também querem saber como surge e se desenvolve a personalidade. Nós nascemos com a nossa personalidade? E quais fatores influenciam o desenvolvimento da nossa personalidade? Ao ter o primeiro filho, os pais sempre se surpreendem ao notar que o seu bebê já demonstra uma personalidade forte desde o começo da vida, e ficam ainda mais surpresos quando têm um segundo filho muito diferente do primeiro. Essas reflexões são corroboradas pelas pesquisas, que demonstram que as crianças já aos três meses de idade exibem traços de personalidades distintos. Além disso, estudos com gêmeos (sobre gêmeos idênticos, fraternos ou criados separados) indicam que boa parte da personalidade é genética – nascemos com muitos dos elementos da nossa personalidade, que são herdados dos nossos pais. Certos traços, tais como sociabilidade e estabilidade emocional, são especialmente influenciados pela genética. Dito isso, não obstante, os fatores genéticos são responsáveis apenas por metade da sua personalidade adulta.

Então, o que mais faz de você o que você é? Bem, o seu ambiente, por exemplo. As pesquisas indicam que os adultos criados com afeto e segurança nos primeiros anos de vida encaram os problemas com persistência e entusiasmo, são independentes, se interessam em aprender

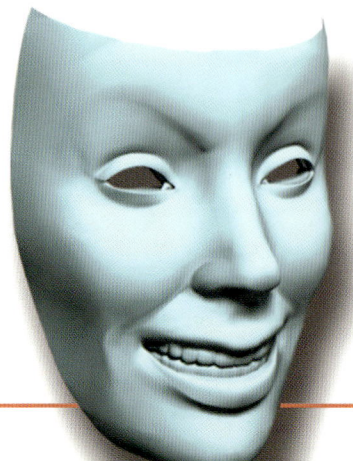

e se destacam entre os companheiros. Por outro lado, os adultos que não foram criados com afeto e segurança são mais dependentes dos outros, frustram-se facilmente e tendem a ser retraídos socialmente.

O estilo de criação é importante na infância: alguns pais são afetuosos, dedicados e interessados nos filhos; outros são mais ocupados com a própria vida, são muito controladores, cometem excessos ou tendem à rejeição. Esses estilos moldam a personalidade da criança. A educação autoritária, por exemplo, tende a produzir crianças menos sociáveis e sem espontaneidade.

Há alguns problemas ao se avaliar a influência dos fatores ambientais sobre a personalidade. O primeiro deles é do tipo "galinha-e-ovo": pais sociáveis podem transferir os seus genes "sociáveis" para os filhos, mas também criam um ambiente sociável em casa, com muitas oportunidades para os filhos desenvolverem as suas habilidades sociais. Outro problema é que é muito comum o pai e a mãe terem um estilo de criação diferente, ou os pais manifestarem um estilo diferente em cada situação. Os pais podem tratar um filho diferentemente de uma filha, ou o "caçula" da família diferentemente dos irmãos mais velhos. Os seres humanos são muito complicados! A experiência cultural também pode ter uma grande influência sobre a sua personalidade. As culturas ocidentais valorizam a responsabilidade, a motivação pela conquista e a independência, e elogiam a confiança e a assertividade nas crianças. Ainda assim, há cem anos, as crianças eram para ser "vistas e não ouvidas". Muitas culturas não ocidentais valorizam mais a interdependência das crianças do que a independência, e as encorajam mais a fazer parte da comunidade do que competir e tentar ser melhores que os outros. Cada cultura valoriza traços de personalidades diferentes, que influenciam os estilos de criação e o desenvolvimento da personalidade das crianças.

Pode ser um exercício interessante refletir sobre quais fatores contribuíram para formar a pessoa que você é hoje.

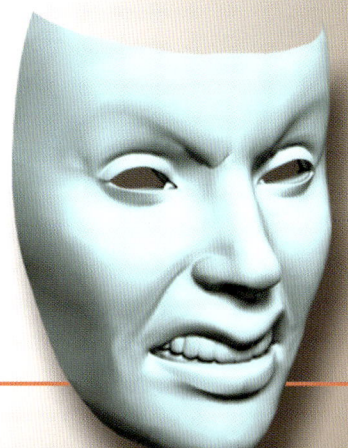

PERSONALIDADE E IDADE

Quando você faz uma retrospectiva da sua vida, provavelmente consegue destacar alguns elementos da sua personalidade que permaneceram bem constantes: pode ser que você tenha sido sempre um pouco tímido ou que gostasse de estar no controle ou fosse perfeccionista. Ao mesmo tempo, você pode pensar de quantas maneiras você mudou: talvez esteja menos impulsivo do que antes ou saiba lidar melhor com as pessoas. Às vezes essas mudanças podem ser atribuídas a acontecimentos da vida: entrar na faculdade, ter filhos, perder um companheiro.

Em geral considera-se que, por volta dos 30 anos de idade, a nossa personalidade esteja formada. As pesquisas indicam que as pessoas não só continuam mudando depois desse momento, mas também que de certas maneiras elas mudam mais.

Qual é a teoria?

Acredita-se que todos nós costumamos desenvolver o nosso tipo de personalidade – ou a nossa maneira preferida de fazer as coisas – ao longo de toda a vida em resposta ao ambiente em que vivemos e às nossas experiências. No entanto, nem sempre é possível viver de uma maneira que combine com a nossa personalidade: uma criança espalhafatosa e barulhenta terá de se comportar de modo mais introvertido e controlado na sala de aula. Um gerente introvertido que prefira trabalhar sozinho precisará se relacionar com outras pessoas no escritório.

À medida que a meia-idade se aproxima, os comportamentos dominantes da nossa personalidade podem começar a parecer maçantes e menos óbvios ou aspectos menos evidentes de nossa personalidade podem se manifestar. Essa experiência é comum e pode resultar na chamada "crise da meia-idade" – o clichê do pacato executivo que compra uma motocicleta e roupas da moda, ou a mulher que começa a sair com homens mais jovens e ir a boates. Mas algumas pessoas simplesmente não sentem necessidade de cultivar os traços de personalidade até então adormecidos. Ninguém é igual.

Pesquisadores norte-americanos descobriram, contudo, que a personalidade de todas as pessoas muda à medida que elas envelhecem, e das maneiras mais sutis – na verdade, elas amadurecem. A consciência e a gentileza se intensificam no decorrer da vida e particularmente nas casas dos 20 e 30 anos. Isso significa que as pessoas ficam mais organizadas e disciplinadas, e mais calorosas, mais generosas e solícitas. Essas mudanças coincidem com o início de uma família e as subseqüentes responsabilidades que vêm com essa experiência tão especial da vida.

O que isso tem a ver comigo?

As mudanças de personalidade relacionadas à idade geralmente ocorrem durante um longo período de tempo. É provável que essas mudanças sejam fortemente influenciadas pelo ambiente em que você vive e o que lhe acontece durante toda a sua vida. Partindo da premissa de que a sua personalidade muda com a idade, você tem a oportunidade de fazer os seus próprios ajustes durante a vida, sempre que achar necessário mudar algum aspecto indesejável. Você pode tratar de ser mais discreto se costuma revelar os seus segredos a esmo, ou decidir dar mais estabilidade emocional aos seus filhos se sentir falta disso.

Você acha que amadureceu? E quanto aos seus colegas ou irmãos? Você pode discutir esse assunto com os seus amigos e familiares. Os seus pais têm a vantagem de conhecer sua personalidade desde criança. Será que eles acham que você mudou muito?

O eneagrama é uma maneira funcional de representar a personalidade. Os seus nove pontos compõem três grupos de três. Cada grupo denota uma orientação especial – sentimento, percepção e pensamento, e existem três tipos diferentes em cada um. Cada pessoa tem todas as nove características e, ao longo do tempo, nós normalmente passamos por todos os grupos, embora alguns de nós fiquem "empacados".

Os aspectos perceptivos da personalidade são conhecidos como "juiz" e "ajudante" incluindo "pacificadores" e "narcisistas". Os sentimentos incluem "artistas" e "observadores" incluindo "heróis" e "narcisistas". O pensamento é representado pelo "oportunista" e o "chefe" incluindo o "pacificador" e o "herói".

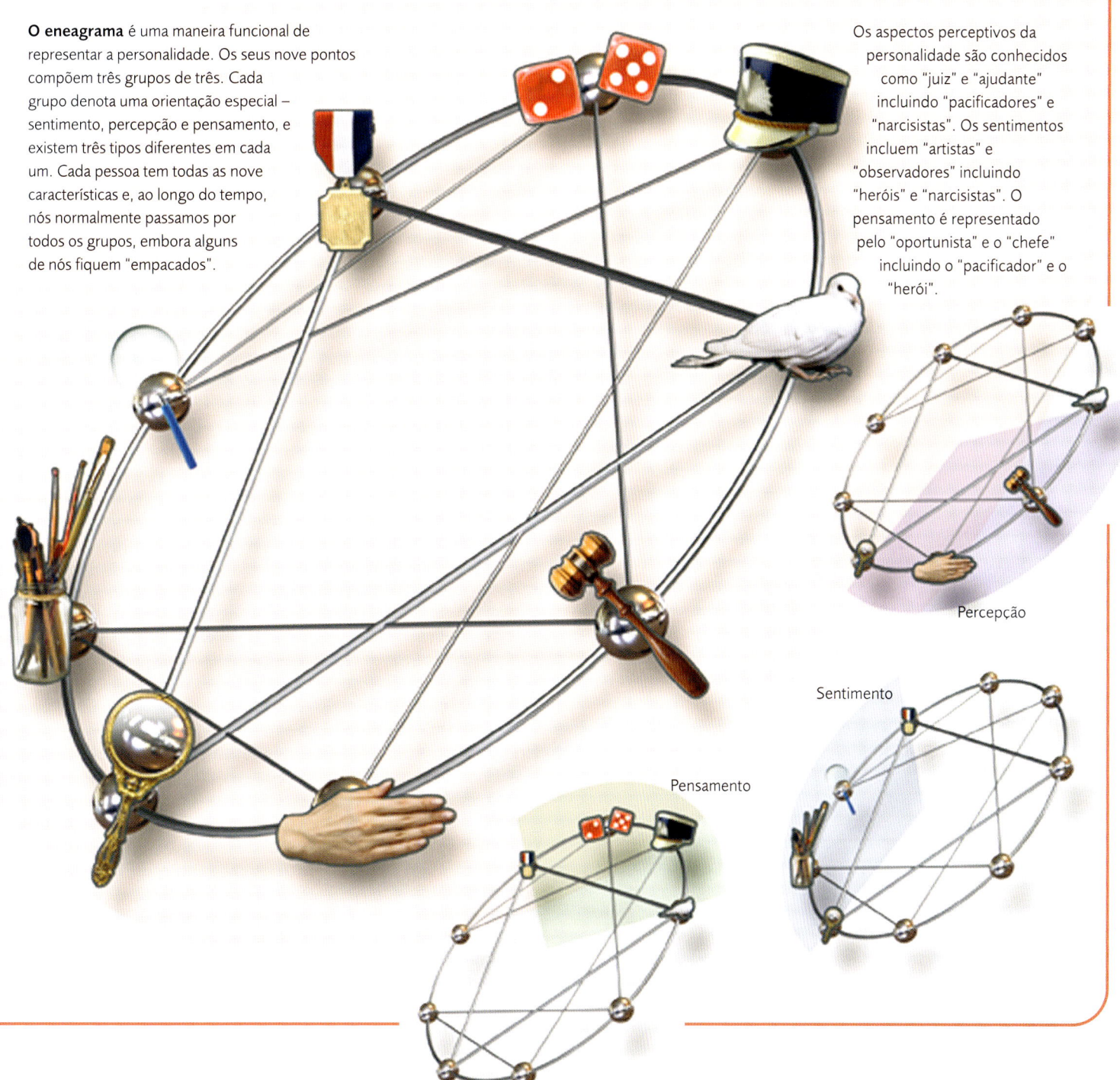

Percepção

Sentimento

Pensamento

PERSONALIDADE E ORDEM DE NASCIMENTO

Há muitos anos os psicólogos estudam o modo como as crianças desenvolvem os padrões de comportamento, a maneira de pensar e as reações emocionais. Existem muitas conceituações e teorias para explicar o desenvolvimento da personalidade na criança e uma dessas é a ordem de nascimento. Evidências factuais consideráveis, pesquisas acadêmicas e até mesmo o bom senso em geral indicam que o lugar que você ocupa na sua família influencia a sua personalidade. De acordo com uma pesquisa da Concordia University, de Montreal, Canadá, apenas o sexo influencia mais os traços da personalidade do que a ordem de nascimento. Na verdade, os pesquisadores sugerem que os traços desenvolvidos em função da ordem de nascimento são tão evidentes que podem ser usados para inspirar técnicas de vendas altamente eficazes, uma vez que os primogênitos são mais suscetíveis a nomes de marcas e ao endosso de celebridades e os caçulas são mais abertos às inovações, como transações bancárias pela Internet.

A sua ordem de nascimento ajuda a determinar as suas expectativas, as suas estratégias no trato com as pessoas e os seus próprios pontos fracos.

Qual é a teoria?

A ordem de nascimento caracteriza-se como: filho único ou primogênito, filho (ou filhos) do meio e caçula. Os pesquisadores acreditam que existem características comuns a essas posições de nascimento, muito embora a dinâmica interna das famílias possa mudar os relacionamentos e esses devem ser considerados de maneira igual. Entre as variáveis que afetam cada situação familiar destacam-se a distância em anos entre os filhos, o sexo do filho, as diferenças físicas, as deficiências, a ordem de nascimento dos pais, a união de duas ou mais famílias em razão de morte ou divórcio e as relações entre os pais.

Filho único ou primogênito

Os filhos únicos ou primogênitos tendem a ser conquistadores motivados com grandes aspirações. Eles seguem regras, são mais competitivos e são líderes naturais. Podem ser mandões, perfeccionistas e de caráter forte. Seu empenho, determinação e atenção a detalhes, ao lado de um sentimento inato de merecimento, significam que os mundos da política e da administração estão cheios de primogênitos.

Dos primeiros 23 astronautas que foram enviados ao espaço, 21 eram primogênitos ou filhos únicos.

Filho (ou filhos) do meio
Uma boa maneira de caracterizar o filho do meio é dizer que ele é um pacificador diplomático. Os filhos do meio são bons mediadores e têm uma capacidade de cooperação superior: eles não têm sempre os pais só para si nem fazem tudo o que querem a seu modo, então precisam aprender a negociar e a fazer concessões. Eles gostam de participar de grupos ou equipes, e tornam-se excelentes gerentes e líderes de equipes pelas próprias habilidades. Entretanto, podem mostrar-se muito ansiosos por ser queridos e têm dificuldade de estabelecer limites. Também têm tendência para se culpar pelas falhas dos outros.

Caçula
Os filhos mais novos da família são tipicamente extrovertidos e ótimos em motivar os outros. Eles também são afetuosos, divertidos, calorosos, descomplicados e às vezes um pouco distraídos, porque tiveram menos responsabilidades em família. Os caçulas tendem a se aborrecer com facilidade e podem ser um pouco egocêntricos. As pesquisas mostram que o caçula da família inclina-se para vocações voltadas para pessoas. Bons vendedores geralmente são caçulas.

O que a ordem de nascimento tem a ver comigo?
Não existem fórmulas mágicas para nos ajudar a entender os nossos amigos e familiares. No entanto, as pesquisas sobre a ordem de nascimento oferecem sugestões sobre por que as pessoas tendem a ser como elas são. Com um pouco de auto-análise, você pode ter algumas idéias sobre o seu próprio comportamento. Considere o seu lugar na família e como ele pode estar afetando você. Por exemplo, se você é um filho do meio, talvez ache as discussões muito desagradáveis, porque a sua tendência natural é apaziguar as partes em conflito, como fazia com os seus irmãos na infância.

A ordem de nascimento pode ajudá-lo a saber o que esperar dos outros, o que evitar e como conseguir os resultados que deseja. Isso pode ser uma vantagem no lar, na escola, em vendas e outras ocupações. Conhecer a ordem de nascimento de cada um pode ajudar, por exemplo, a entender por que um funcionário se comporta de uma determinada maneira ou a prever como alguém reagiria em certas circunstâncias. Os caçulas, por exemplo, prosperam mais em um ambiente criativo do que em um meio agressivamente competitivo. O irmão mais velho de irmãs pode ser um bom gerente de um departamento composto só de mulheres.

Se você tem filhos, reflita sobre como a ordem de nascimento deles e o modo como a família se comporta podem ter influência na personalidade deles. Experimente criar-lhes experiências que contrariem os aspectos mais negativos da sua ordem de nascimento. Encoraje o primogênito a negociar mais do que dominar, peça uma opinião e sugestões ao filho do meio, dê ao caçula responsabilidades específicas na casa.

QUAL PERSONALIDADE PREVALECE?

Personalidade múltipla é a existência de duas ou mais personalidades bem desenvolvidas e integradas em uma mesma pessoa. Em muitos casos, cada personalidade tem o seu próprio nome, idade, lembranças, história de vida e características comportamentais e físicas – todos em um mesmo corpo. Não é incomum ouvirmos um comentário de que alguém parece ter "uma personalidade de médico e monstro" – uma referência ao famoso personagem (ou personagens) da obra de R. L. Stevenson, *Dr. Jekyll and Mr. Hyde*. Geralmente, cada personalidade não tem consciência das experiências da outra ou outras. Períodos de inexplicável perda de memória de horas ou dias são uma pista da presença de personalidades múltiplas.

Embora o caso médico/monstro seja um exemplo extremo, o fenômeno da personalidade múltipla tem mais probabilidade de se manifestar da seguinte maneira. Tomemos como exemplo um homem de uns 20 anos. O nome dele é João e essa é a sua personalidade básica – a pessoa que ele é na maior parte do tempo. João é tímido e educado. As personalidades múltiplas de João são: Pedro, Bruno e Max; todos eles coexistem com João e podem dominá-lo. Pedro é cordato e gentil. Bruno é um garoto de 9 anos de idade que chora muito. Max é agressivo, frio e irado, e protege João em situações de perigo. João fala, age, comporta-se, veste-se e até mesmo anda de modo diferente, dependendo de qual das personalidades predomina no momento.

Qual é a teoria?
As pessoas com personalidades múltiplas sofrem de Transtorno de Identidade Dissociativa (TID), que significa que a pessoa tem duas ou mais identidades distintas que regularmente assumem o controle do comportamento e da consciência dessa pessoa. O transtorno é a dissociação da consciência do eu, do tempo e/ou das circunstâncias externas. Pessoas assim são relativamente poucas e esparsas, mas há casos suficientes para que os psicólogos precisem estudá-los.

Ninguém afirma saber com certeza o que causa o TID, mas parece que os traumas na infância – físicos, emocionais ou sexuais – podem influenciar. A explicação é que, ao passar por uma angústia extrema, o inconsciente da criança produz uma alteração da personalidade com características capazes de enfrentar o abuso, e essa nova personalidade imaginária protege a criança "verdadeira" da realidade. As crianças têm mesmo uma imaginação fantástica e representar um papel naturalmente faz parte da infância. No entanto, se essa estratégia continua na maturidade, essas identidades tornam-se muito reais e permanentes. Se o abuso continuar, poderão ser criadas mais personalidades, cada uma assumindo vida própria. O tratamento para o TID é a psicoterapia, em conversas com o psicoterapeuta, visando

conciliar as personalidades e fundi-las em apenas uma. Esse tipo de terapia é muito prolongado, podendo levar vários anos. Uma vez consciente das suas personalidades múltiplas, os pacientes podem se comunicar diretamente com elas e utilizá-las. No entanto, a própria idéia de integração – a cura – pode sofrer resistência por parte dos pacientes. Eles parecem precisar das personalidades múltiplas e temem perdê-las, e é claro que o abuso ou trauma que gerou a alteração de identidade inicialmente precisa ser enfrentado e tratado, o que em geral é extremamente doloroso para a pessoa.

acontece num contínuo desde as experiências cotidianas normais até transtornos que prejudicam as atividades todos os dias. Sou capaz de garantir que você se dissociou em algum momento da sua vida.

Já lhe aconteceu de percorrer um caminho familiar, digamos o seu trajeto de ida e volta para o trabalho, ou para a casa dos seus pais, e de repente não conseguir se lembrar de uma parte da viagem? Isso costuma ser chamado de "hipnose de estrada" e é uma sensação como de um transe que se desenvolve com o passar dos quilômetros. Ou, então, o que dizer quando você lê um livro ou assiste a um filme e de repente entra em um tipo de devaneio, percebendo no meio de tudo que não assimilou o enredo, nem leu as palavras ou ouviu o diálogo? Os pesquisadores e terapeutas acreditam que essa dissociação é comum e natural. A exemplo de tantas outras doenças mentais, o TID origina-se de uma atividade normal que foi distorcida.

O que a teoria das personalidades múltiplas tem a ver comigo?
Tente imaginar o que deve ser ter outra personalidade coexistindo em seu corpo, substituindo você e conversando com os seus amigos e familiares, fazendo o seu trabalho ou tomando decisões sobre a sua vida. É muito difícil de compreender, não é? Mas a dissociação

AS DROGAS E OS SEUS EFEITOS SOBRE A PERSONALIDADE

A personalidade é a combinação de traços, tipos e preferências emocionais e comportamentais com os quais você nasce. Ou será o que você quiser? Você gostaria de ser mais inteligente, popular, mais sedutor, confiante e menos tímido? As indústrias farmacêuticas vêm desenvolvendo uma série de drogas que podem proporcionar exatamente isso; o Prozac foi o primeiro medicamento que pareceu aos usuários ter mudado a sua personalidade – eles se sentiram mais confiantes, mais otimistas quanto ao futuro e viram a sua auto-estima aumentar. Você gostaria de correr mais rápido, levantar mais peso ou obter melhores resultados nos treinos? As chamadas "drogas de aumento do desempenho", como os esteróides anabolizantes, são usadas (ainda que ilegalmente) por uma minoria de atletas e esportistas em todo o mundo. Os efeitos colaterais relatados incluem mudanças de personalidade, tais como aumento da agressividade e redução da empatia.

Ao longo de toda a história, as pessoas têm tomado drogas que alteram o estado mental por uma série de razões: para prevenir a fadiga em uma caçada, ou para comunicar-se com seus deuses usando alucinógenos. Algumas tribos sul-americanas têm um pajé ou xamã, cujo conhecimento superior sobre plantas é usado para tratar uma grande variedade de sintomas, incluindo os psicológicos e emocionais. Existem muitas drogas disponíveis hoje em dia – ilegais ou vendidas com ou sem prescrição médica – que têm a capacidade de influenciar a

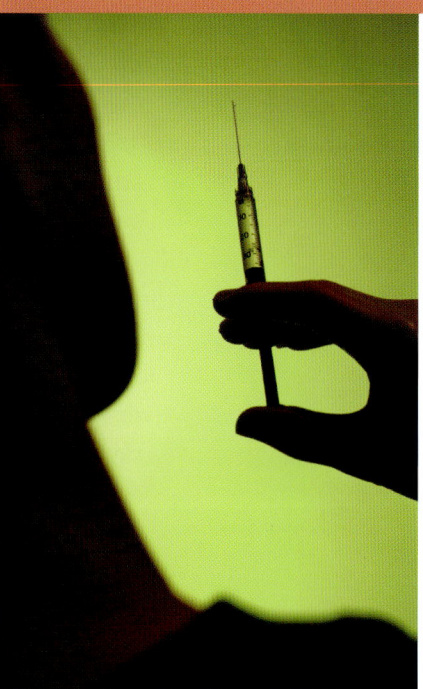

personalidade. Algumas pessoas procuram efetivamente essas mudanças; em outras elas são apenas um efeito colateral.

Qual é a teoria?
Existem quatro categorias principais de drogas que influenciam a nossa psique e a nossa personalidade. A primeira inclui as drogas de "estilo de vida", da quais o Prozac é um bom exemplo. O Prozac foi desenvolvido como uma nova geração de antidepressivos, para ajudar as pessoas a se sentirem menos temerosas, mais extrovertidas e confiantes em si mesmas. A dificuldade com as drogas de estilo de vida é que intuitivamente temamos que a maioria dos usuários esteja tentando maquiar o que seria "normal", em vez de se beneficiar da cura de um problema ou doença que lhes dificulta a vida.

A segunda categoria compreende as drogas de aumento de desempenho, consumidas por esportistas para melhorar o seu rendimento na academia de ginástica, na piscina, nas pistas de competição ou no campo. Muitas dessas drogas atuam sobre o desenvolvimento do tono e da força muscular usando derivados ou equivalentes do hormônio esteróide masculino, a testosterona. A "raiva esteróidica" ocorre quando a pessoa que consome o esteróide torna-se extremamente agressiva e essa mudança de personalidade persiste enquanto a droga está sendo consumida. É um efeito colateral indesejado.

As drogas chamadas "recreacionais" formam a terceira categoria das drogas que alteram a mente; como exemplos pode-se destacar a maconha, o LSD, a cocaína e até o álcool. Essas normalmente são tomadas especificamente pela proposta de mudança da realidade ou personalidade do usuário. As pessoas relatam aumento da libido, indolência, humor, compreensão e um sentimento de verdadeira ligação com as outras pessoas, mas os efeitos são de curto prazo. As conseqüências pessoais e sociais negativas dessas drogas têm sido amplamente discutidas na mídia.

A última categoria é a dos medicamentos convencionais usados para tratar disfunções psicológicas e psiquiátricas. São desenvolvidos pelas indústrias farmacêuticas para controlar e mudar os sintomas indesejáveis das doenças mentais e como tal mudar a personalidade do paciente de alguma forma. Estão disponíveis apenas sob prescrição médica e podem ser administrados tanto em um centro médico quanto no ambiente doméstico.

O que o consumo de drogas tem a ver comigo?

Os dois campos em que as pessoas positivamente procuram mudar a personalidade são o das drogas de estilo de vida e as drogas recreacionais. A aproximação entre personalidade e produtos farmacêuticos nessas escolhas de vida põe em evidência numerosas questões éticas. Considere as seguintes indagações:

- A personalidade é um dom natural com que não se deveria brincar?
- Se pudesse, você mudaria a sua personalidade tomando uma pílula?
- É normal ficar deprimido quando alguém próximo a você morre; ficar ansioso em relação a certas situações sociais; ficar infeliz quando um relacionamento não dá certo?
- Qual a diferença entre cirurgia estética e as drogas de estilo de vida?

Talvez o maior argumento contra a mudança da nossa personalidade por meio de drogas seja o da diversidade. A variedade é o sal da vida e achamos estimulantes as relações e experiências com os outros por causa das nossas diferenças de personalidade. E mais importante ainda, a diversidade é essencial para a sobrevivência da evolução da nossa espécie. Alguns de nós somos naturalmente mais corajosos do que inteligentes, mais responsáveis do que confiantes, mais sensatos do que impulsivos, mais sensíveis do que sedutores. Falando em termos de evolução, precisamos dos corajosos para lutar, dos cautelosos para avisar, dos inteligentes para planejar e dos sensíveis para cuidar de nós. A diversidade e a capacidade de adaptar-se ao ambiente em mudança são de suma importância para o sucesso de quaisquer espécies.

OS CULTOS E A PERSONALIDADE

Os dicionários definem culto como "um sistema de adoração religiosa; devoção, homenagem a pessoa ou coisa". Atualmente, a palavra "culto" provavelmente é mais associada à lavagem cerebral, manipulação dos seguidores, escândalos públicos, assassinato ou suicídio em massa, do que à veneração religiosa. Alguns exemplos e acontecimentos bem conhecidos saltam à memória: a tragédia em Waco, no Texas, onde 75 pessoas morreram na invasão da fazenda ocupada pelos seguidores da Branch Davidians, uma facção da Igreja Adventista do Sétimo Dia liderada por David Koresh; "Jonestown" e os 918 seguidores de Jim Jones que morreram em 1978 por beberem uma mistura à base de cianureto oferecida por ele; e a ainda ativa Igreja da Unificação, do "reverendo Moon", como é conhecido o seu líder, Sun Myung Moon.

O papel da psicologia e da personalidade é fundamental nos cultos. No centro de um culto encontra-se o seu líder-fundador: um autodenominado "Messias", que é autoritário e misterioso, mas carismático, enigmático e cativante. Os membros da seita costumam ter certos traços de personalidade em comum. Usa-se a coerção psicológica para recrutar, doutrinar e reter os seguidores, e aos poucos a personalidade e o comportamento deles são alterados como convém ao culto.

Qual é a teoria?

Uma característica importante dos cultos é que eles se baseiam no "culto da personalidade" de um líder aparentemente sedutor e carismático, geralmente do sexo masculino. Esse líder estabelece uma hierarquia de colaboradores de confiança com personalidade e inclinações semelhantes, com que exige total obediência dos seguidores mediante punições em geral com um forte conteúdo psicológico. As relações pessoais são controladas pelo líder do culto na base da excessiva autoridade que ele mantém com respaldo nas suas pretensões proféticas e messiânicas. Ele decide quem fará amizade com quem e quem terá relações sexuais com quem, e geralmente é com ele em especial – uma grande honra. Sem dúvida nenhuma, a personalidade do líder é incrivelmente magnética e persuasiva para os fiéis que o seguem dessa maneira.

Os seguidores tornam-se obsessivos pelo culto. Este se torna a coisa mais importante na vida deles. Os integrantes do culto geralmente desistem da família, do trabalho e do lar para se unir ao culto, no qual todos os aspectos da sua vida são controlados pelo líder.

Normalmente, precisam provar a sua devoção doando ao culto praticamente todo o seu dinheiro e posses, além do seu tempo e experiência profissional. Algumas vezes eles se dedicam a uma carreira como contribuição ao culto, ofertando voluntariamente à organização toda a sua experiência e ganhos.

Há inúmeros mitos sobre integrantes de cultos e sobre o tipo de pessoas que eles são. Na verdade, eles procedem de todos os meios sociais e a sua idade varia. Os recrutas de um culto muito provavelmente vêm de uma família de bons antecedentes econômicos, têm inteligência mediana ou acima da média e boa educação. O fator de personalidade comum é que são idealistas e buscam o conhecimento e crescimento pessoal. Querem deixar a sua marca no mundo e acreditam que a vida deve ter um significado e um propósito. Eles querem amar e serem amados, sentir-se especiais, influentes, reconhecidos e aceitos. Essas pessoas podem ter consciência dessas necessidades psicológicas, mas é mais provável que não. Um sentimento comum nas reuniões dos grupos de simpatizantes é o de que "isso é perfeitamente correto" ou "era isso o que eu estava procurando" e ausência de dúvidas. Quanto mais necessidades não satisfeitas a pessoa tem, mais forte é a atração e aderência ao grupo, e mais difícil de se desligar.

O que os cultos têm a ver comigo?

Nós podemos aprender muito sobre a nossa sociedade, sobre os nossos líderes e sobre nós mesmos ao refletir sobre os cultos. Você consegue se lembrar de líderes políticos da história mundial que foram exemplos maléficos e benéficos do "culto da personalidade"? Adolf Hitler? Winston Churchill? Mahatma Gandhi? Que técnicas psicológicas eles usaram? Pense em líderes de outros setores também: religioso, educacional, moral, mídia, multinacionais. Como eles influenciam você; que efeito eles produzem sobre o que você pensa ou sente, ou sobre a maneira como você age ou se comporta?

O risco que você corre de entrar para um culto é muito pequeno, mas pense nas necessidades psicológicas que o definem como pessoa e influenciam a sua personalidade. Essas necessidades estão sendo satisfeitas? Pense em maneiras de atender a essas necessidades que lhe dêem poder, em vez de sujeitá-lo ao poder dos outros.

BREVE HISTÓRICO DA AVALIAÇÃO DA PERSONALIDADE

A personalidade se constitui de pensamentos, emoções e comportamentos, que juntos definem o seu estilo pessoal e influenciam as suas relações com os outros. O estudo da personalidade é o campo mais antigo da psicologia; em 400 a.C. Hipócrates reconheceu quatro tipos básicos de personalidade – melancólica, colérica, sangüínea e fleumática. Cerca de cem anos depois, Teofrasto, o sucessor de Aristóteles na direção do Liceu ateniense, propôs que havia trinta tipos de personalidade, cada um com um nome de caráter diferente (tais como "mentiroso", "bajulador"). Em 1940, um médico norte-americano chamado William Sheldon desenvolveu a teoria dos somatótipos com base nas psiques corporais – endomorfos, ectomorfos e mesomorfos.

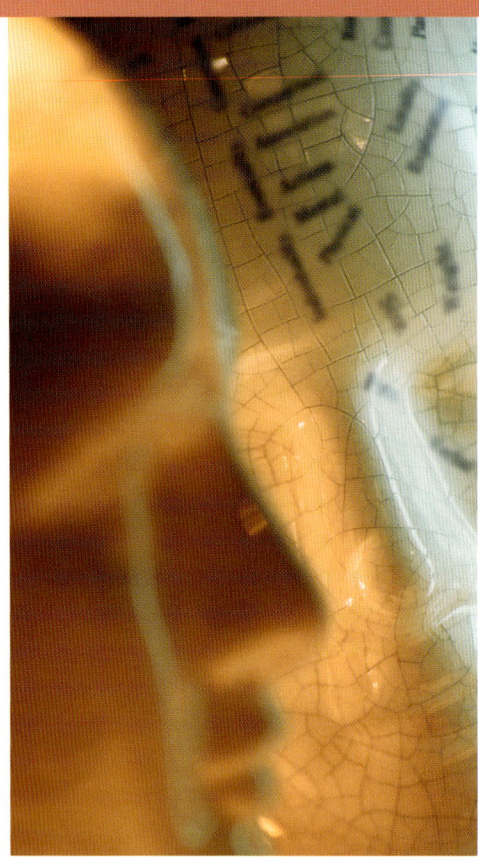

constituem um todo contínuo. Essas teorias são mais complexas, difíceis de mensurar e interpretar, mas a sua complexidade é justamente para torná-las exatas. Diversos psicólogos propuseram escalas, como as de "coragem" ou "empatia". A classificação varia de acordo com quanto de um determinado traço a pessoa possui. Assim, em uma das extremidades da escala, estaria uma pessoa aventureira e que corre riscos e, na outra extremidade, estaria alguém que é cauteloso e contido. Ambos os extremos podem ser necessários em diferentes ocupações e organizações, mas não há muita procura por um advogado que se arrisca ou por dublê de cinema cauteloso!

Tipos e traços

A teoria dos tipos de personalidade, como a descrita acima, propõe que as pessoas podem ser categorizadas em tipos distintos. A simplicidade desse enfoque é tão atraente quanto limitador. Ele nos ajuda a identificar uma personalidade imediatamente de maneira prática e compreensível, mas, ao rotular as pessoas como tipos, negligencia os aspectos indubitavelmente mais complexos de cada indivíduo.

Por outro lado, as teorias dos traços de personalidade propõem que os aspectos pessoais da personalidade

Os benefícios da avaliação da personalidade

Até 1960, a avaliação da personalidade era apenas de interesse clínico ou de pesquisa. Hoje em dia, porém, a avaliação da personalidade está disponível a todo mundo e pode dar valiosas idéias sobre a nossa constituição mental, especialmente se os resultados forem interpretados por um psicólogo ou por alguém qualificado em avaliação.

Conhecendo os tipos de cargos e empresas que combinam melhor com o seu temperamento natural, você pode investir no seu crescimento profissional. Ao tomar conhecimento das suas motivações, habilidades e pontos fracos, você pode melhorar a sua formação e o seu crescimento pessoal.

O maior desenvolvimento de todos os tempos na avaliação da personalidade registra-se atualmente no mercado de trabalho, da pré-seleção profissional à formação dos funcionários, individualmente ou em equipe. Imagine-se como um empresário, querendo obter o máximo rendimento do seu pessoal. Você pode fazer experiências com cursos de treinamento e formação profissional, aconselhamento e assistência aos funcionários, mas se os valores e comportamentos dos funcionários não se adequarem ao do restante da empresa e à sua cultura, poderão surgir problemas com graves conseqüências sobre todo o ambiente de trabalho.

Digamos, então, que você queira recrutar um determinado tipo de pessoa para uma determinada função. O pessoal de vendas, por exemplo, precisa gostar de trabalhar por conta própria, uma vez que fica fora da empresa por longos períodos de tempo. Os gerentes de projetos precisam ser capazes de encorajar e motivar os integrantes da equipe, ao mesmo tempo que avaliam os progressos em relação a um prazo final estipulado.

Até aqui, comentamos sobre tipos e traços, e o que você pode ganhar conhecendo a sua personalidade. Existe outra maneira de classificar os aspectos da personalidade, dos tipos e dos traços. Os tipos e traços subjetivos revelam a sua maneira de pensar e sentir como pessoa, as suas motivações e desejos. É importante entender esses aspectos porque conhecer a si mesmo ajuda a entender as outras pessoas. Você tem dificuldade para manter o entusiasmo por um projeto? Você acredita em ter e seguir regras?

Os tipos e traços objetivos referem-se ao modo como você se relaciona com os outros e às suas relações com os colegas, parceiros e amigos. Você já não se dava bem com alguém e descobre que essa pessoa o irrita? Alguma vez você mal conheceu alguém e sentiu que ambos simplesmente combinavam – como se se conhecessem há muito tempo? Essa é a força da personalidade!

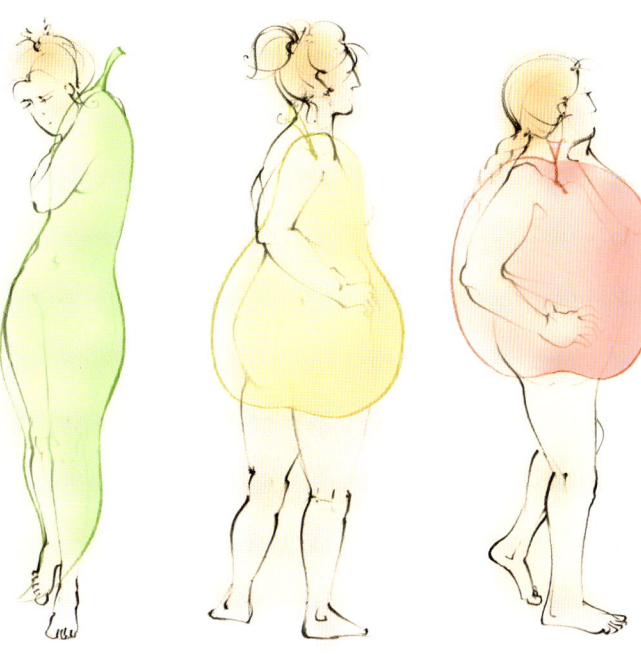

Somatótipos

Aqui, as descrições das personalidades com base na forma do corpo como apresentadas originalmente pelo dr. William Sheldon. As pessoas endomorfas, pessoas rechonchudas e de seios grandes, são relaxadas e sociáveis; as mesomorfas, mais musculosas, são ativas e assertivas; as ectomorfas, pessoas magras e delicadas, são calmas e sensíveis. Atualmente, as formas do corpo são usadas principalmente para prever a saúde a longo prazo – as pessoas cujo corpo lembra o formato de uma pêra e vagem são mais saudáveis que as em formato de maçã!

O PAPEL DA AVALIAÇÃO DA PERSONALIDADE

A avaliação da personalidade é um fato da vida moderna, com cerca de 2.500 testes em aplicação no mundo todo. A maioria das empresas usa os testes de avaliação da personalidade visando a contratação, promoção e no processo de formação de equipes, mas os testes também são usados em disputas de custódia de filhos, exames para o ingresso em faculdades e em julgamentos de sentenças e de liberdade condicional. A eles também recorrem pessoas em busca de um maior conhecimento de si mesmas – a razão de você estar lendo este livro antes de mais nada! Portanto, é importante que você conheça quem usa esses testes, por que eles são usados, que tipos de testes de personalidade existem e como você, ao se submeter a um teste, pode se beneficiar disso.

Quem usa esses testes e por quê
Atualmente, é cada vez mais comum as empresas recorrerem aos testes psicológicos como um meio de avaliar funcionários em potencial. Os testes ajudam a justificar o recrutamento quando se estabelece previamente um perfil de personalidade "ideal", uma vez que eles permitem a comparação dos resultados de todos os candidatos.

Cada pessoa é única, ainda que todos tenhamos semelhanças e essas possam ter conseqüências importantes. Se você for

contratar técnicos para visitar os clientes no seu local de trabalho, os seus profissionais devem saber conversar com estranhos e gostar de trabalhar com independência. Se acaso estiver procurando um gerente-geral, ele deve ser uma pessoa socialmente segura e capaz de motivar o pessoal. Os testes também podem ser usados com os funcionários contratados. Muitas empresas têm políticas de preenchimento de vagas internamente e quem se candidata a uma promoção quase sempre deve se submeter a uma avaliação da personalidade para ver se corresponde ao perfil exigido no novo cargo. Nas empresas, também é comum constituírem-se equipes de projetos com pessoal de vários departamentos com estilos de trabalho diferentes para tratar de tarefas específicas. As pesquisas reconhecem a importância da personalidade dos integrantes no sucesso das equipes e por isso são feitos testes antes de constituí-las.

Usam-se testes também em escolas e faculdades para a avaliação dos alunos. Inicialmente, os testes podem integrar o processo de seleção e posteriormente serão usados na orientação profissional. Por meio deles os alunos compreendem melhor os seus pontos fortes e fracos antes de se decidirem por um curso ou uma carreira. Como um complemento da orientação vocacional, uma terceira aplicação dos testes consiste em promover o conhecimento de si mesmo na fase adulta. Digamos que você queira saber por que tem mais facilidade em algumas atividades enquanto acha outra difíceis, por que prefere trabalhar ou aprender de uma determinada maneira e quais são as suas maiores aptidões, para poder maximizá-las.

Tipos de testes

Existem métodos padronizados para aferir o grau de sofisticação dos testes, e os testes que satisfazem plenamente a esses padrões são chamados de testes psicológicos profissionais. Apenas esses são os que devem ser usados por profissionais em escolas, faculdades e empresas, porque foram comprovados como sendo válidos (avaliam o que afirmam avaliar), confiáveis (os resultados são seguros e não se alteram com o passar do tempo) e justos (não discriminam sexo, raça ou credo).

Todo país tem um órgão regulador da profissão de psicólogo que controla o uso dos testes psicológicos. No Brasil, é o Conselho Federal de Psicologia. O CFP tem diretrizes sobre as restrições de venda, uso e interpretação dos testes psicológicos. O público em geral não pode comprar ou ter acesso aos testes psicológicos profissionais, porque a administração e a interpretação desses testes requerem a formação especializada em psicologia. Isso também garante que nenhum candidato tenha acesso aos resultados antes da sessão de testes.

Os testes deste livro baseiam-se em testes psicológicos profissionais, mas foram preparados de modo a propiciar que você se avalie por si mesmo. Ou seja, você pode analisar os aspectos da sua personalidade sem se preocupar com o resultado, porque não precisa compartilhar a suas respostas com mais ninguém. Embora não sejam testes profissionais, você ainda vai achá-los divertidos, interessantes e inspiradores.

Como aproveitar melhor os testes

Os testes deste livro vão ajudar você a ter uma visão mais clara de si mesmo e a projetar e obter um crescimento pessoal. Se você não se identificar com os resultados de um teste, peça a opinião de outras pessoas, perguntando a amigos, familiares, chefes, colegas de profissão e pessoas que trabalham com você. Não se esqueça de que os testes de personalidade não avaliam quem você é como um todo: as suas aptidões, interesses, valores e experiências pessoais também contribuem para fazer de você a pessoa que é.

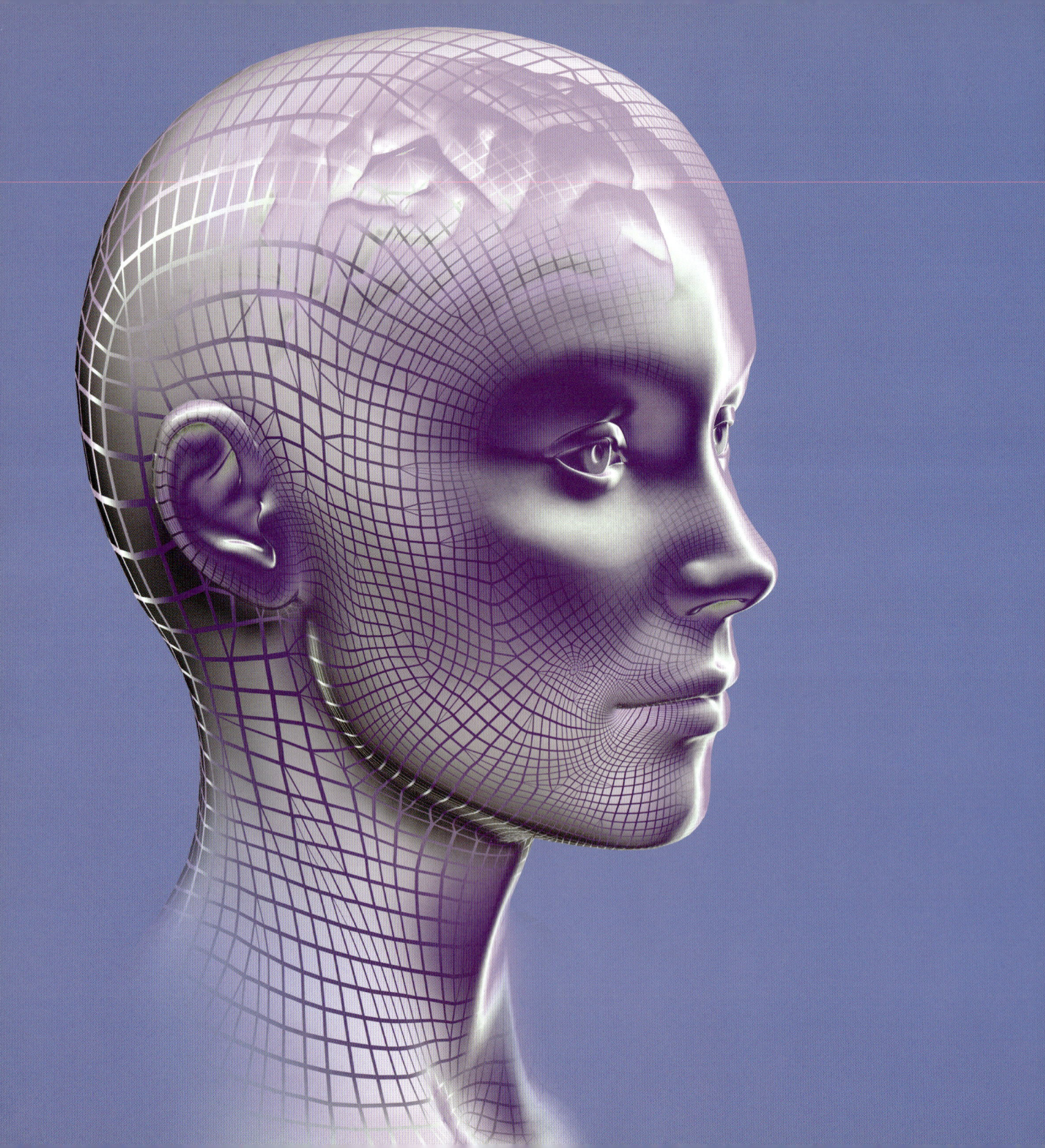

PARTE 1

TRAÇOS SUBJETIVOS

TRAÇOS SUBJETIVOS
O QUE SÃO TRAÇOS SUBJETIVOS?

Uma das maneiras de classificarmos a personalidade é dividi-la em "traços" – aspectos individuais da personalidade que possuímos em maior ou menor grau. Podemos classificar a nós mesmos ou aos outros como "dominadores", "sensíveis" ou "sinceros", e assim identificamos uma característica constante do comportamento, prevendo como iremos reagir em determinadas situações. Isso nos dá alguma segurança para prever reações e comportamentos de alguém – podemos preparar uma resposta antecipada ou tentar mudar um acontecimento para evitar o resultado previsto. Por exemplo, você precisaria tratar uma criança sensível com muita delicadeza caso o brinquedo favorito dela fosse quebrado por outra criança, ou iniciar um confronto com um colega de trabalho dominador para garantir que teria a oportunidade de impor o seu ponto de vista.

A maneira mais direta de conhecer quantos traços peculiares alguém possui é perguntando à própria pessoa! Na prática, isso é feito na forma de uma entrevista elaborada; fazem-se as mesmas perguntas a todas as pessoas e as respostas geralmente são dadas num formato, de modo que possam ser pontuadas facilmente. Um teste pode medir apenas um traço (como neste livro) ou diversos traços simultaneamente.

Os idealizadores criam perguntas que melhor caracterizam cada traço. Para testar a dominação, por exemplo, uma das perguntas que poderiam ser feitas seria "Você gosta de estar no controle o tempo todo?" Se respondesse "Sim" à pergunta, você seria classificado como "dominador". Os traços, porém, são julgados em uma escala gradativa ou contínua e o oposto de "dominador" é "condescendente". Portanto, se respondesse "Não" à pergunta acima, você seria classificado como "condescendente". No fim do teste, a sua posição na escala contínua dominador-condescendente seria determinada pelo número de pontos relativos a "dominador" em oposição ao número de pontos relativos a "condescendente".

Alguns dos testes de personalidade mais conhecidos do mundo baseiam-se nos traços e seguem esse procedimento. Um desses testes é o questionário 16PF®, desenvolvido por Raymond Cattell. As pesquisas dele para mensurar a

INTRODUÇÃO | **25**

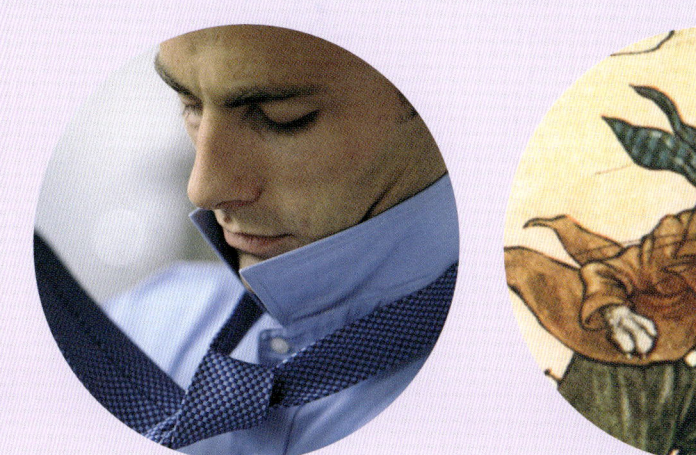

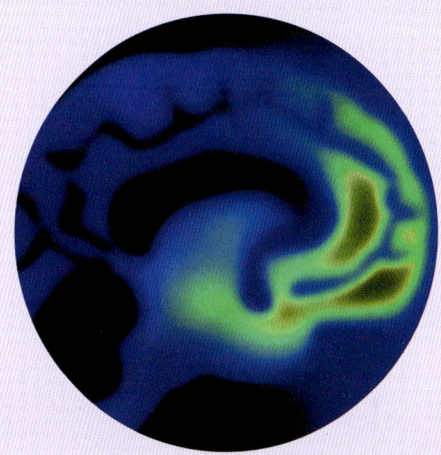

personalidade resultou em dezesseis traços básicos e ele criou um questionário para medir esses traços, a que chamou de Questionário dos Dezesseis Fatores da Personalidade (ou 16PF para resumir). Outro questionário de personalidade é o Inventário Multifásico da Personalidade de Minnesota (ou MMPI, de Minnesota Multiphasic Personality Inventory). Em vez de se classificar por si mesma, a pessoa que é avaliada responde "verdadeiro", "falso" ou "não sei" a uma série de afirmações sobre atitudes, sintomas e vivências. O questionário MMPI foi originalmente desenvolvido para uso clínico, mas acabou se estendendo à população em geral.

Este capítulo contém testes que medem os seus traços subjetivos, que influenciam decisivamente a maneira como você pensa e sente e que o motivam e impulsionam. Não deixe de ler atentamente todas as instruções do teste, mas não perca muito tempo pensando em uma resposta ou na resposta correta – a primeira idéia que lhe vier à mente geralmente será a mais exata.

Você pode se perguntar se está fazendo o teste para se conhecer melhor ou como preparação para um trabalho.

Muitas pessoas pensam e agem de maneira diferente em casa e no trabalho; em geral, a pessoa que somos "em casa" é o nosso eu verdadeiro, e a pessoa que representamos "no trabalho" reflete a maneira como gostaríamos que nos vissem. Você pode, por exemplo, ser uma pessoa muito discreta no trabalho, pouco revelando sobre a sua vida particular ou os seus sentimentos, mas em casa com os amigos e a família, você pode expressar abertamente os seus pensamentos e emoções.

Ao conhecer os seus traços subjetivos você entenderá mais sobre si mesmo, sobre as suas motivações e aptidões. Quais são os seus maiores interesses e motivações?

Atenção: Este capítulo contém testes de personalidade simplificados baseados na teoria dos traços de personalidade. Não é um substituto dos questionários 16PF ou MMPI completos ou de quaisquer outros testes de personalidade, e os resultados não pretendem ser psicométricos ou práticos, nem equivalentes aos resultados dos questionários 16PF ou MMPI.

TRAÇOS SUBJETIVOS
VOCÊ É QUENTE OU FRIO?

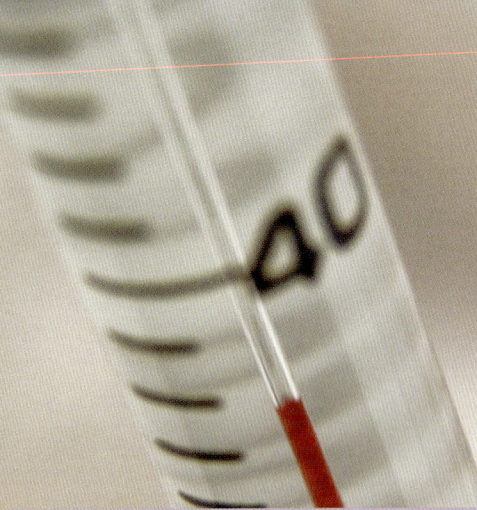

A temperatura é medida em graus ao longo de uma escala contínua. Assim como o mercúrio em um termômetro sobe ou desce quando você tem febre, também a personalidade pode ser medida em termos de frio e quente. E exatamente como a temperatura em outras situações, há ocasiões em que o calor é uma vantagem e outras em que se prefere o frio.

As pessoas quentes são amigáveis, extrovertidas, sociáveis, simpáticas e atenciosas. Gostam da proximidade das pessoas e travam e cultivam amizades. Saem-se bem em atividades que envolvem a formação de relacionamentos, como enfermagem, gerência de projetos ou relações públicas, e dão bons parceiros na vida, generosos e atenciosos. Uma deficiência da personalidade

TESTE A SUA TEMPERATURA

Pela sua capacidade de condução ou transferência do calor dos materiais, alguns objetos parecem frios ao toque, outros são neutros e outros realmente parecem quentes. Isso se deve ao modo como os objetos reagem ao calor da sua mão: se o objeto é bom condutor, o calor do seu corpo logo se dissipa através dele e ele parece frio; se é mau condutor, o calor da sua mão permanece praticamente no local que você tocar, e então o objeto parece quente.

Observe as imagens dos diferentes materiais ao lado ou, se puder, encontre na sua casa ou fora dela objetos feitos desses materiais que possa tocar.

Pense em como eles ficam quando os toca e que tipo de personalidade cada um seria se fosse uma pessoa. Qual deles reflete melhor a sua personalidade?

quente é a sua ingenuidade. E outra desvantagem é que as pessoas podem considerar tanta cordialidade e atenção um pouco sufocantes.

As pessoas com tendências frias são reservadas e cautelosas por natureza e não se entusiasmam com exibições de emoção. As pessoas frias sentem-se bem sendo elas mesmas e gostam de solidão. Seu desprendimento significa que se dão bem em tarefas que requerem introspecção ou que possam realizar sozinhas. Também sabem tomar decisões difíceis e emocionais. As pessoas realmente frias podem tender à frieza, "dando gelo" nos outros, e incomodando-se caso tenham de passar muito tempo na companhia dos demais.

Se você é quente por natureza, sabe que precisa de muitas pessoas ao seu redor, tanto amigos na intimidade, quanto um trabalho que requeira atividades em equipe. A sua zona de perigo é o excesso de dependência dos outros para alimentar a auto-estima e a segurança emocional. Tente passar algum tempo sozinho para se fortalecer internamente.

Se você é frio, é auto-suficiente emocionalmente. Gosta de passatempos em que possa se absorver, mas faz isso muitas vezes para excluir as outras pessoas ou atividades. Se você passar muito tempo de lazer sozinho, a sua capacidade de se relacionar pode ficar "enferrujada", portanto tente se relacionar com os outros em ambientes sociais. Você pode parecer distante aos olhos dos outros, então lembre-se de sorrir!

Se você é indiferente, então provavelmente é capaz de alcançar um equilíbrio entre o calor e a frieza emocional. Uma ótima habilidade é ser capaz de passar de um estado para outro dependendo das circunstâncias. Talvez você mostre o seu lado quente com os amigos ou o parceiro, e o lado frio quando precisa devolver um artigo com defeito ou estragado em uma loja.

PONTUAÇÃO/INTERPRETAÇÃO

Madeira: é orgânica e reflete o calor. Se escolheu madeira – você é uma pessoa quente.

Metal: é reluzente, duro e dispersa calor antes de ficar muito quente. Se gostou do metal – você é do tipo frio.

Pedra: não é nem fria nem quente. Se você escolheu pedra – você é indiferente.

TRAÇOS SUBJETIVOS
QUAL É O SEU ESTILO DE PENSAMENTO?

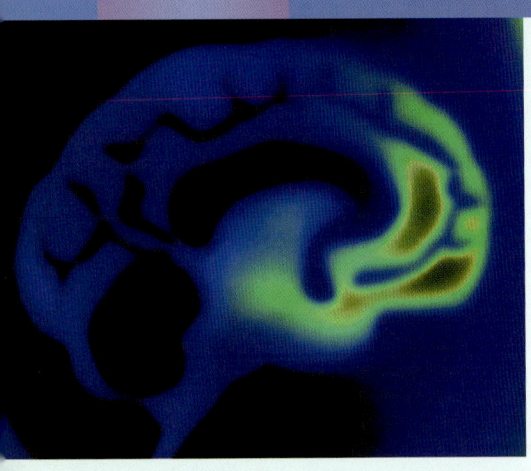

Quando refletimos sobre um problema, diferentes partes do nosso cérebro são ativadas. O lado esquerdo do cérebro preocupa-se com detalhes e análises, o lado direito produz pensamentos divergentes e criativos. Em geral, um dos lados predomina no modo de pensar de uma pessoa, manifestando-se como uma preferência seja pelo pensamento criativo, seja pelo analítico. O pensamento lógico ou analítico começa a partir de um problema e, por meio de uma seqüência de pensamentos organizados que se seguem sucessivamente, você chega a uma solução. Se o seu modo de pensar for criativo, o processo flui mais livremente; você vê o problema de muitos ângulos diferentes.

Se o lado esquerdo do seu cérebro é muito ativo, você é muito lógico. Resolve o problema buscando fatos e informações antes de tomar uma

TESTE SE A SUA MENTE É LÓGICA OU CRIATIVA

A sua tendência à lógica ou à criatividade se reflete no ambiente em que você vive. Imagine se pudesse escolher entre estes três papéis de parede. Qual deles lhe agradaria mais – e por quê?

Padrão A, direita
Padrão B, centro
Padrão C, extrema direita

decisão objetiva. Provavelmente, gosta de solucionar problemas numéricos e sabe lidar com informações. O seu ponto fraco é a sua resistência a experimentar idéias novas e pode inibir a criatividade analisando as idéias antes de elas terem se formado inteiramente.

Se a atividade do lado direito do seu cérebro é elevada, o seu modo de pensar é mais criativo. Você resolve os problemas de modo inovador e é capaz de apresentar muitas soluções para um mesmo problema. Também prefere tomar decisões com base em opiniões, sentimentos e "pressentimentos", em vez de um monte de números. O seu ponto fraco é que você se aborrece com detalhes e geralmente quer apressar o processo. Também pode tender a deixar que o coração, e não a cabeça, dite as regras.

PONTUAÇÃO/INTERPRETAÇÃO

As pessoas lógicas tendem a preferir padrões regulares e ordenados, enquanto as criativas apreciam mais cenários caóticos e abstratos.

Padrão A: é aleatório e imaginativo. Se escolheu A – você é do tipo criativo.

Padrão B: tem elementos fluindo livremente, misturados com imagens mais regulares. Se gostou de B – você é do tipo centrado.

Padrão C: é ordenado e altamente estruturado. Se você preferiu C – você é do tipo lógico.

Se você é criativo, tente acompanhar as coisas até o fim mesmo que isso o aborreça e dê aos neurônios do lado esquerdo do cérebro uma oportunidade para participar. Discipline o seu modo de pensar estruturando as decisões em etapas. Para praticar, tente dividir uma tarefa diária em passos: anote as instruções para ensinar alguém a fazer uma xícara de café.

Se você é do tipo centrado, os dois lados do seu cérebro trabalham por igual. Você soluciona os problemas com flexibilidade e é capaz de ter um enfoque tanto criativo quanto analítico. O seu ponto fraco é que não consegue ser suficientemente criativo ou analítico em determinadas situações. Faça um esforço para experimentar primeiro um estilo e depois outro e terá benefício dos dois estilos de pensamento.

Se você é uma pessoa lógica, tente controlar seu impulso natural de analisar e dê alguma liberdade ao lado direito do seu cérebro. Permita-se aproveitar todas as opiniões antes de ir direto à solução. Experimente fazer *brainstorming*, anotando tantas escolhas quanto puder.

TRAÇOS SUBJETIVOS
AS SUAS EMOÇÕES ESTÃO SOB CONTROLE?

Você se pega reagindo a situações na vida de maneira contrária ao seu modo habitual de pensar? Os fatores externos afetam o seu humor? Ou quem sabe você tem a capacidade de controlar as suas emoções, mantendo uma aparência calma e despreocupada, apesar da tempestade rugindo ao seu redor.

As pessoas com menores níveis de estabilidade emocional tendem a perder o controle em relação aos desafios da vida e "reagem" à vida em vez de se adaptar ou tomar decisões proativas – portanto, a "reatividade" é um elemento importante na estabilidade emocional. Enquanto na maioria das pessoas a reatividade simplesmente reflete os desafios momentâneos (como o nascimento de um filho ou um novo emprego, situações em que quase todo mundo perde um pouco o controle e sente-se mais emocionalmente vulnerável), entre as pessoas emocionalmente reativas a reatividade é parte integrante da sua maneira de viver, e elas vivem sendo empurradas de uma situação estressante para outra. As pessoas emocionalmente reativas podem se aborrecer com facilidade e ser um pouco temperamentais. O lado bom é que um acontecimento positivo desperta entusiasmo e a alegria nessa pessoa, o que pode ser contagioso.

As pessoas emocionalmente estáveis são calmas, maduras e despreocupadas. Sentem a vida mais ou menos sob controle. Tendem a fazer as coisas a seu tempo e encaram a vida cotidiana e os seus desafios de modo calmo e equilibrado. São capazes de superar as frustrações e não permitem que as emoções entravem o caminho. O lado ruim, porém, é que as pessoas emocionalmente estáveis podem não saber lidar com sentimentos "negativos", como a raiva, o ciúme e a tristeza, e costumam mantê-los reprimidos ou negar a sua existência. Uma certa expressividade emocional é importante para o bem-estar mental.

ESTABILIDADE EMOCIONAL

TESTE A SUA REATIVIDADE

Leia todas as perguntas e responda a cada uma com "sim" ou "não":

Você:

1. Acha que os outros dizem que o consideram muito equilibrado?
2. Gosta de planejar o tempo livre para saber o que vai fazer?
3. Às vezes gostaria de experimentar os altos e baixos emocionais que os outros parecem ter?
4. Tenta não pensar muito nas suas emoções?
5. Acha difícil perder a calma?
6. Sente-se no controle da sua vida?
7. Gostaria que as pessoas mantivessem as emoções sob controle?
8. Acha que as pessoas procuram você em momentos de crise?
9. É acusado de ser emocionalmente frio ou reprimido?
10. Geralmente se sente calmo e relaxado?

PONTUAÇÃO/INTERPRETAÇÃO

Se você respondeu sim a 7 ou mais perguntas – você é emocionalmente estável.
Se você respondeu sim a 3 ou menos perguntas – você é emocionalmente reativo.
Se você respondeu sim a entre 4 ou 6 perguntas – você tem as emoções equilibradas.

Se você é emocionalmente estável, pensa com cuidado antes de agir e mantém a emoções sob controle. No entanto, a sua estabilidade pode se dever ao fato de você ter erigido defesas ao seu redor, o que pode não ser inteiramente saudável. Certifique-se de não estar negando as emoções – embora haja momentos em que não é adequado expressar os sentimentos, ignorá-los também não é saudável.

Se você é emocionalmente reativo, age em função dos seus sentimentos, vivendo com o coração na boca, o que pode deixar os outros um tanto precavidos em relação a você. Provavelmente, você é uma ótima companhia quando está de bom humor, mas tem dificuldade de afastar o mau humor. Tente cultivar um pouco a estabilidade emocional – ser continuamente afetado pelas tensões da vida pode prejudicar você.

Se você tem as emoções equilibradas, é porque você varia completamente de um extremo ao outro? Estável no trabalho, mas reativo na vida pessoal; ou geralmente estável, mas com momentos de reatividade? Em qualquer situação, você precisa identificar e controlar os estímulos que provocam a sua reatividade.

TRAÇOS SUBJETIVOS

COMO VOCÊ REAGE ÀS SITUAÇÕES?

Todos nós nos deparamos com personalidades dominadoras: pessoas que assumem o controle em eventos sociais, deixando bem claro como estão se sentindo, o que querem fazer e como querem que as coisas sejam feitas. Sem dúvida, há momentos em que isso é estritamente necessário e as pessoas dominadoras tornam-se organizadores eficazes. Por outro lado, existem momentos em que essa tendência agressiva atropela os sentimentos e desejos dos outros, e então as pessoas dominadoras podem parecer arrogantes, questionadoras e difíceis.

E quanto à personalidade condescendente? São as pessoas calmas, que geralmente concordam com todo mundo para evitar tensão ou conflito, mesmo que isso signifique reprimir o que realmente pensam. São

TESTE O SEU QUOCIENTE DE DOMINAÇÃO

Você vai precisar usar algumas lembranças da infância para estudar o seu tipo de personalidade: dominador ou condescendente. Demore alguns minutos se recordando de algumas discussões e desentendimentos em família:

1. Como você resolvia os desentendimentos com seus irmãos?
a) Normalmente recorria a um dos meus pais como árbitro.
b) Não me incomodava mesmo e me afastava.
c) Precisava vencer e lutava até o fim.

2. Os seus pais eram dominadores ou condescendentes?
a) dominadores.
b) condescendentes.
c) um era dominador; o outro, condescendente.

3. Quais eram as suas estratégias para enfrentar os aborrecimentos?
a) Evitar discussões ou demonstrações de emoções se possível.
b) Chorar – isso ajudava a aliviar a tensão.
c) Descontar em alguém.

4. Qual era a atitude da sua família em relação à vida?
a) Ensinava a respeitar os sentimentos dos outros e a defender os nossos.
b) Calma, raramente brigava e nunca precisava pôr fim a desentendimentos.
c) Falávamos o que pensávamos e competíamos para ter o controle.

exemplos perfeitos de cooperação, conciliando as diferenças pessoais com abnegação. Os tipos condescendentes são agradáveis e é fácil conviver com eles, pois dão sempre a precedência aos outros. No entanto, todo esse altruísmo pode ser um pouco cansativo quando você precisa de uma opinião sincera, ou quando um confronto é inevitável.

O comportamento dominador ou condescendente geralmente se desenvolve na infância como conseqüência do estilo de criação ou da rivalidade entre irmãos. Em resultado disso, um terceiro estilo de personalidade costuma ser ensinado em seminários de aprimoramento pessoal ou cursos de formação de gerentes: a assertividade. O comportamento assertivo é aquele que exprime claramente o que você quer, ao mesmo tempo que reconhece e respeita os direitos dos outros. As pessoas assertivas tendem a ganhar muito mais a longo prazo, tanto no nível pessoal quanto no profissional.

Tome nota das suas lembranças, pensamentos e interpretações. Você pode "ver" influências da infância que ajudaram a formar a sua personalidade adulta? Você é condescendente, dominador ou assertivo (um pouco de cada)?

PONTUAÇÃO/INTERPRETAÇÃO

1. a, 1; b, 0; c, 2.
2. a, 2; b, 0; c, 1.
3. a, 0; b, 1; c, 2.
4. a, 1; b, 0; c, 2.

Some sua pontuação total.
Se você marcou 6 pontos ou mais, você é do tipo dominador.
Se você marcou 2 pontos ou menos, você é do tipo condescendente.
Se você marcou entre 3 e 5 pontos, você é do tipo assertivo.

Se você é uma pessoa dominadora, tem uma personalidade forte e tende a assumir o comando. Você provavelmente é competitivo e pode gostar de uma boa discussão. A sua zona de perigo é a tendência à agressividade, que pode gerar conflitos, pôr em risco a confiança e prejudicar os relacionamentos. Faça um esforço para ser mais cordial nas suas relações. Procure ser assertivo em vez de agressivo.

Se você é condescendente, tem a tendência de pôr os outros na sua frente em todos os sentidos, tornando-se um amigo solícito e um trabalhador consciente. No entanto, há duas zonas de perigo no caso: primeiro, ignorar as suas próprias necessidades pode minar a sua confiança; segundo, deferência extrema pode incomodar. Lembre-se: se pedirem a sua opinião, é bem provável que a outra pessoa realmente queira ouvi-la!

Se você é assertivo, nem busca, nem evita conflito, e respeita os outros tanto quanto respeita a si mesmo. Pense nas vezes em que concordou e nas vezes em que fincou o pé. O resultado lhe fez bem?

TRAÇOS SUBJETIVOS
ATRAÇÃO PRINCIPAL OU PAPEL SECUNDÁRIO?

O nosso relacionamento com as outras pessoas é como um magnífico buquê de flores no qual um equilíbrio de formas, cores e texturas – no caso personalidades – se combinam para produzir um arranjo harmonioso e agradável.

Alguns de nós gostam de ser o centro das atenções e são coloridos, animados e espirituosos, como as flores que compõem a parte central do arranjo. Muitos artistas ou personalidades da mídia se enquadram nessa descrição. Essas pessoas mais animadas são despreocupadas, entusiasmadas e espontâneas, e uma grande fonte de diversão em reuniões sociais ou quando você precisa se animar. No entanto, elas podem ser impulsivas e inconstantes, e podem se beneficiar com amigos que exercem uma influência tranqüilizante.

Outras pessoas são mais como a folhagem, dando um realce às flores. Esses tipos são mais sérios, cautelosos e calmos, e são uma influência madura e firme para os amigos mais animados. Eles se tornam amigos leais e confiáveis, e se dão bem em trabalhos que envolvam dedicação à rotina e a tarefas repetitivas. No extremo, porém, elas podem parecer um pouco apáticas e emocionalmente inexpressivas. Precisam de companhias animadas para manter o espírito elevado e estimular a sua alegria de viver.

TESTE SEU QUOCIENTE DE VIVACIDADE

Observe estas fotos e, para cada planta, considere as características visuais e a sua utilidade em um arranjo de flores convencional. Qual delas reflete melhor a sua personalidade?

Se você é uma pessoa animada, faz o possível para ser o centro das atenções em todos os tipos de situações sociais. Você provavelmente é a alma da festa quando está na sua melhor forma! Sua zona de perigo é que você acha difícil controlar o entusiasmo quando é preciso um pouco de recato, e talvez possa dizer ou fazer coisas que transtornem ou envergonhem os outros. Experimente algumas técnicas para sair das "alturas"; conte até 10 antes de fazer uma brincadeira, ou procure respirar fundo para se acalmar.

Se você é mais sério, gosta de passar o tempo em atividades mais contemplativas e calmas. A sua natureza cautelosa faz você pensar em tudo com cuidado. No entanto, precisa cultivar um pouco de espontaneidade para se abrir a novas experiências e crescer como pessoa. Questione a sua rotina: substitua o usual café com leite matutino por algo diferente, ou faça uma viagem de férias para algum lugar onde nunca esteve antes.

Se você é comedido, sabe quando se exige recato e quando pode sentir-se à vontade. A alegria é associada à juventude e todos nós nos tornamos um pouco mais contidos à medida que envelhecemos e amadurecemos. Se você tem filhos, pode redescobrir a alegria da espontaneidade e impulsividade por meio deles, não se esquecendo de ensiná-los quando é adequado um comportamento mais sensato ou calmo.

PONTUAÇÃO/INTERPRETAÇÃO

Girassóis são flores exóticas e exuberantes, com as quais se pode fazer um arranjo atraente. Se escolheu o girassol – você é uma pessoa animada.

Folhagens sutis e de apoio, como as samambaias, envolvem as flores, permitindo que se exibam com o máximo efeito. Se optou pela samambaia – você é uma pessoa mais séria.

Flores bonitas, como as rosas, podem complementar uma flor mais vistosa, como o girassol, mas não se esforçam para ser a estrela de um arranjo. Se escolheu o buquê de rosas – você é comedido.

TRAÇOS SUBJETIVOS
REBELDE OU CONFORMISTA?

Normas são regulamentos, procedimentos ou hábitos estabelecidos para serem seguidos. Podem ser religiosas ("Não matarás"), legais (limites de velocidade), empresariais (proibido fumar na empresa) ou sociais (cumprimentar ao encontrar alguém). As atitudes em relação às normas variam entre as culturas. Algumas culturas têm uma porção de normas a que todos os seus integrantes obedecem; em outras, as normas existem mas também existe um costume aceito sobre quais são violáveis.

As atitudes em relação à normas variam também entre as pessoas. Em um extremo estão aquelas que se conformam com as normas e são favoráveis a elas. São pessoas obedientes, escrupulosas, convenientes e conscienciosas, e aceitam e promovem padrões culturais convencionais. Os tipos conscientes das normas são os cidadãos obedientes à lei e são excelentes em trabalhos onde há uma estrutura clara a ser seguida, como a profissão de advogado ou de aplicação das leis. O seu lado negativo é que essas pessoas podem parecer inflexíveis, moralistas ou rígidas.

No outro extremo situam-se os infratores. Eles não se preocupam com as convenções, obrigações, nem em seguir normas e regulamentos. São inconformados e oportunistas, e usam de todos os meios possíveis para conseguir o que querem. Em geral são os indisciplinados de uma empresa, ou se sobressaem como autônomos, quando não precisam seguir normas estabelecidas pelos outros. Pode ser divertido conviver com eles, mas os tipos radicais irritam os que gostam de respeitar as normas, e desrespeitar as leis pode ser problemático ou mesmo ilegal.

TESTE A SUA ATITUDE EM RELAÇÃO ÀS NORMAS

Dê uma olhada nestas duas imagens. Atribua cada um dos adjetivos abaixo ao pirata ou ao militar da Marinha:

Oficial	Independente	Leal
Natural	Respeitoso	Alternativo
Submisso	Disciplinado	Inconstante
Rebelde	Flexível	Obediente

Agora leia do princípio ao fim a lista de adjetivos que você assinalou para cada imagem. Pense nas suas próprias atitudes em relação às normas. Você preferiria ser um pirata ou um oficial da Marinha?

OBEDIÊNCIA ÀS NORMAS | **37**

Se você é um infrator, acredita que as normas existem para ser questionadas e não devem ser seguidas sem pensar. Você provavelmente é uma pessoa de espírito livre e inconformada nas escolhas da vida, na aparência ou na maneira de pensar. No entanto, a ilegalidade pode lhe causar problemas. Talvez você tenha assimilado menos padrões, ou simplesmente tenha valores não convencionais. Você é rebelde para provocar alguém?

Se você segue as normas, acredita na ordem e em que os regulamentos servem a um propósito importante. Você provavelmente é convencional e tímido nas aparências e atitudes. No entanto, você precisa se vigiar contra a rigidez no comportamento e no pensamento – há mais crescimento com um certo grau de livre pensamento. Pergunte-se se suas atitudes vêm da sua educação ou de experiências ruins devido ao descumprimento das leis, ou pelo fato de as normas oferecerem conforto e segurança?

Se você é do tipo que escolhe as normas, provavelmente aprendeu as normas que precisa seguir. Observa que seu lado obediente às normas e seu lado infrator são adequados e devidamente considerados. As normas sociais em geral são mais flexíveis que as empresariais, por exemplo. Quando você rompe com as normas? É com determinados amigos ou em situações especiais?

PONTUAÇÃO/INTERPRETAÇÃO

Steve Jobs, o co-fundador da Apple Computers, disse em 1982: "É mais divertido ser um pirata do que servir na Marinha." Os piratas são os supremos infratores, cujas conquistas vêm da sua capacidade de trabalhar e viver "fora dos padrões". O oficial da Marinha, por outro lado, é bem-sucedido seguindo as normas, e esse tipo de estrutura ordenada, segura e previsível oferece segurança tanto ao marinheiro em si quanto ao país a que a Marinha serve.

Se você se vê como um pirata, você é um infrator.
Se você prefere o oficial, você segue as normas.
Se você se vê em ambas as imagens, você escolhe as normas.

TRAÇOS SUBJETIVOS
RETRAÍDO OU OUSADO, QUAL É O SEU ESTILO?

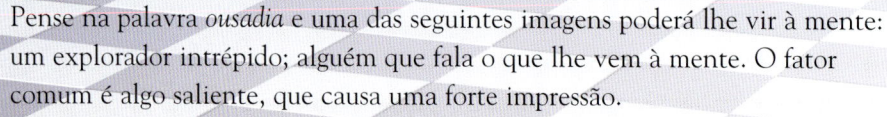

Pense na palavra *ousadia* e uma das seguintes imagens poderá lhe vir à mente: um explorador intrépido; alguém que fala o que lhe vem à mente. O fator comum é algo saliente, que causa uma forte impressão.

A ousadia também pode ser aplicada a situações sociais. Os tipos que são ousados na vida social são extrovertidos e confiantes. Não têm medo da rejeição, então se sentem à vontade para iniciar relações sociais e ficam à vontade em novas ou atemorizantes posições sociais – por esses motivos, tornam-se ótimos profissionais de vendas e jornalistas. Para os outros, podem parecer um pouco intimidativos, uma vez que têm uma personalidade forte que, por bem ou por mal, não pode ser ignorada. Desde que possam demonstrar

TESTE SUA ESTRATÉGIA SOCIAL

No xadrez, o objetivo de cada jogador é atacar o rei do oponente de modo que ele não tenha para onde fugir (lance chamado "xeque-mate"). As peças do xadrez são símbolos de uma sociedade medieval e incluem um rei e uma rainha (a monarquia), bispos (a Igreja) e os peões (os soldados rasos).

As peças têm movimentos diferentes e pode-se dizer que têm diferentes personalidades, pontos fortes e fracos. O rei move-se de casa em casa em qualquer direção. A rainha move-se por qualquer número de casas em linha reta, em qualquer direção, até mesmo na diagonal. Os bispos só podem se mover em diagonal, o quanto se quiser. Os peões movem-se para a frente de casa em casa, embora possam tomar outra peça movendo-se na diagonal.

Observe este detalhe de um tabuleiro de xadrez. O rei está em xeque-mate: todos espaços ao redor dele são igualmente perigosos. Se ele se mover para as casas 1, 2 ou 3, ainda estará em linha direta com a rainha. Ela é todo-poderosa, audaciosa e confiante, e pode se mover com suavidade e mortalmente por todo o tabuleiro. Se o rei se cordialidade e vivacidade, é divertido ter por perto pessoas ousadas, pois elas ajudam os outros a relaxar em situações difíceis.

As pessoas socialmente retraídas são muito tímidas e se constrangem facilmente. Acham que falar em público é um pesadelo e não gostam de grandes reuniões sociais onde seja preciso iniciar uma conversa. Provavelmente, temem o desconhecido em vez aproveitar a oportunidade, desse modo ficam muito mais felizes com a rotina e na companhia de rostos familiares. Sentem-se ameaçadas facilmente e podem se retirar de situações sociais difíceis em vez de enfrentá-las. No entanto, essas pessoas são gentis e podem ser ouvintes sensíveis, que captam indícios sutis por observarem nas entrelinhas.

mover para a casa 4, estará em xeque-mate pelo peão preto. Os peões são peças descomplicadas e diretas; a força deles está no seu número e eles funcionam melhor em equipe, porque são fracos isoladamente. Se o rei se mover para a casa 5, ficará na linha direta de ataque do bispo; lembre-se, os bispos atacam apenas para os lados. Os bispos são peças bastante indiferentes e tímidas, que permanecem em segundo plano até serem chamados à ação. Também são considerados relativamente espertos ou astuciosos.

Pense nas personalidades e nos papéis da rainha, do bispo e do peão. Qual deles é você?

PONTUAÇÃO/INTERPRETAÇÃO

Se você é como a rainha – confiante, carismática e no comando – você é socialmente corajoso.

Se você é como o bispo – esperando em segundo plano, atrás da linha de ação – você é socialmente retraído.

Se você é como o peão – direto, mais seguro dentro do seu próprio grupo – você é equilibrado entre corajoso e retraído, ou socialmente cauteloso.

Se você é socialmente corajoso, provavelmente tem um grande círculo de amizades e gosta de conhecer pessoas novas. Falar para grandes grupos não o intimida. Sua zona de perigo é que você pode parecer grosseiro, presunçoso e egocêntrico. Tente baixar o tom de voz, manter a postura corporal relaxada e preocupar-se em ouvir mais e demonstrar um interesse verdadeiro pelas outras pessoas.

Se você é socialmente retraído, sem dúvida evita a maioria das reuniões sociais e férias em que conhecer pessoas faça parte da diversão. Você provavelmente não reclama de um serviço ruim. A sua zona de perigo é que outras pessoas o acharão indiferente. Quem observa mais do que participa é visto com suspeita. Não se torne uma ilha.

Se você é socialmente cauteloso, gosta tanto de conhecer pessoas quanto de ter amigos ao seu redor, ou está disposto a isso. Talvez ache difícil se relacionar, mas faz um esforço como parte do seu trabalho, ou pelo seu parceiro. Ter cautela com estranhos é natural, mas às vezes é desnecessário.

QUAL É O SEU HUMOR?

Na Grécia antiga, a maioria das pessoas acreditava que as doenças eram enviadas pelos deuses como castigo e os tratamentos visavam mais agradar aos deuses do que aliviar os sintomas e as causas. Hipócrates, médico e filósofo grego, era contra esse pensamento convencional. Ele considerava que o corpo devia ter um equilíbrio entre quatro humores – sangüíneo, colérico, melancólico e fleumático. Quando uma pessoa adoecia, era porque havia um desequilíbrio entre os seus humores e ela deveria ser tratada para restabelecer o equilíbrio. As pesquisas dele sobre os sintomas tornaram-se a base da medicina moderna.

O conceito dos humores foi adotado e desenvolvido ao longo do tempo e é aplicado ao temperamento, um aspecto da personalidade. O temperamento reflete os humores emocionais que mais prevalecem em nós. Ele fornece uma impressão das nossas emoções e influencia o modo como interpretamos os acontecimentos e como reagimos a eles. Há fortes evidências, tanto científicas quanto de casos típicos, de que o temperamento é algo que nasce conosco. Pergunte a qualquer mãe sobre o temperamento do seu bebê e ela irá descrevê-lo precisamente e em detalhes.

O que a identificação do meu humor tem a ver comigo?

As pessoas são compostas de mais de um humor, mas os que são diametralmente opostos – fleumático e colérico – raramente são encontrados em uma mesma pessoa. Em geral, você tem características dos temperamentos que intensificam seu humor básico. Se você é do tipo melancólico, também tem traços de fleumático e colérico. O ideal é querer estar em equilíbrio com uma personalidade integrada. Isso se consegue dando mais importância às características mais favoráveis do seu humor de apoio. Entre os melancólicos, esse pode ser o seu lado colérico; entre os coléricos, a sua parte melancólica; entre os fleumáticos, a sua natureza sangüínea, e entre as pessoas sangüíneas, as suas tendências fleumáticas.

As personalidades **fleumáticas** são cuidadosas, passivas e suaves. Se você é fleumático, os seus pontos fortes são ser cuidadoso, calmo e perseverante. Os seus pontos fracos são a timidez e não gostar de mudanças. A sua calma pode ser uma ótima influência estabilizadora, mas você pode frustrar as pessoas se ficar de lado quando for preciso se envolver. Você gosta da rotina e do convívio familiar, então se desafie tentando algo novo.

Os tipos **sangüíneos** são geralmente extrovertidos, fáceis e adaptáveis. Se você é sangüíneo, os seus pontos fortes são a sociabilidade, a eloqüência e a amizade. Os seus pontos fracos são a falta de atenção a detalhes e a impaciência. A sua natureza de amante da diversão é um patrimônio, até você se deparar com situações que requeiram profundidade e reflexão. Você gosta de uma vida social plena e animada – tente incluir na agenda algumas atividades que estimulem a reflexão.

FLEUMÁTICO
Arredio, indiferente, pensativo, cuidadoso, calmo, distante, pacífico, afável

SANGÜÍNEO
Sensível, alegre, falador, otimista, extrovertido, vivaz, esquecido

MELANCÓLICO
Pessimista, reservado, quieto, insociável, sombrio, moderado, pensativo

COLÉRICO
Excitável, impulsivo, inquieto, enérgico, ruidoso, heróico, impaciente, irado, intolerante

Os **melancólicos** são mais reservados, pensativos e moderados em relação à vida. Se você é melancólico, os seus pontos fortes são o seu intelecto, a consideração e a capacidade de observação. Os seus pontos fracos são o pessimismo e a reserva. A sua sensibilidade pode ser usada de maneira construtiva quando estende a mão a outras pessoas, mas se essa mesma sensibilidade voltar-se contra você ela poderá destruir a sua auto-estima. Você gosta de discussões calorosas com os amigos, então tente manter uma conversa alegre e otimista.

As pessoas **coléricas** são classificadas como impulsivas, excitáveis e dinâmicas. Se você é colérico, os seus pontos fortes são a energia, a disposição e a extroversão. Os seus pontos fracos são a intolerância e a imposição. Você tem a capacidade de estabelecer metas e segui-las, mas precisa ter o cuidado de convencer os outros a segui-lo na sua visão. Você gosta de atividades externas e esportes, então experimente algum jogo em equipe em que não seja o líder.

TRAÇOS SUBJETIVOS
OS SEUS SENTIMENTOS PREVALECEM?

O nosso corpo usa os seus cinco sentidos para informar ao cérebro sobre o que é perigoso, seguro ou prazeroso. Às vezes, o corpo de uma pessoa pode ser extremamente sensível a estímulos físicos – um cheiro desagradável, um barulho que irrita os ouvidos, por exemplo, são queixas bastante comuns.

Mas e quanto aos estímulos emocionais? O nosso cérebro reage também a eles, mas nesse caso as situações envolvem mais as outras pessoas do que objetos ou o ambiente. As pessoas sensíveis são sintonizadas com os seus sentimentos e tendem a ver o mundo sob essa perspectiva. Elas são intuitivas e sentimentais e adoram um filme "lacrimoso". Elas são gentis e a sua empatia e cordialidade as tornam simpáticas e preocupadas com os sentimentos dos outros. A sensibilidade extrema, no entanto, pode levar a muita subjetividade e

TESTE AS SUAS REAÇÕES

A água é um dos nossos recursos naturais e pode tomar muitas formas. Observe estas imagens e tome note das suas impressões imediatas e para quais aspectos das imagens você é atraído.

a não se concentrar o suficiente nos fatos. Isso pode fazer com que algumas almas sensíveis negligenciem os aspectos práticos de um projeto ou as vantagens de adotar uma perspectiva objetiva em uma situação.

Existem outras pessoas que absolutamente não se preocupam muito com os próprios sentimentos ou os de quem quer que seja – filmes emotivos são o pior pesadelo para elas! Essas pessoas insensíveis são realistas, lógicas, sensatas e independentes. Elas se concentram mais em como as coisas funcionam do que na estética ou na sensibilidade refinada, e estão preocupadas com a utilidade e objetividade. Há ocasiões em que essa é uma vantagem, especialmente em um desacordo acalorado, mas como essas pessoas tendem a não admitir ou aceitar a vulnerabilidade, elas podem ter problemas em situações que exijam a consciência dos sentimentos.

> PONTUAÇÃO/INTERPRETAÇÃO
>
> **Se você se concentrou na proposta da água**, a cachoeira como uma fonte de energia de uma usina hidroelétrica, as ondas podendo causar uma inundação, o copo de água como uma bebida, a chuva como uma fonte de vida para as plantas e animais – você é do tipo insensível.
>
> **Se você se concentrou na beleza da água na natureza**, ou nas emoções que as imagens provocaram, o arco-íris na cachoeira, o sol brilhando no copo, o padrão das gotas de chuva – você é uma alma sensível.
>
> **Se a sua atenção variou de imagem para imagem**, você é consciente dos sentimentos.

Se você é insensível, os seus pés são firmemente plantados no aqui e agora. Você é objetivo, concentrado e verdadeiro, e provavelmente tem um modo racional de pensar que não é influenciado pelas emoções. Você sabe conduzir uma discussão e consegue chegar ao fundo de uma questão, e seria bom em um trabalho onde fosse preciso ter a mente fria em momentos de tensão emocional, tais como serviços de resgate ou assistência social. O seu ponto fraco potencial é que você não inclui o fator humano nas suas decisões – o que é muito importante nos seus relacionamentos particulares. Tente desenvolver a empatia imaginando o papel que vai representar antes de falar e prevendo as reações dos outros.

Se você é uma alma sensível, você gosta de estética e prazeres refinados que despertam e estimulam os sentidos – cultura, artes, jantar fora com um bom vinho e uma boa conversa. Você provavelmente é conhecido como um bom ouvinte pelos seus amigos ou colegas e se sente à vontade falando sobre os seus sentimentos com as outras pessoas. Você seria perfeito para trabalhar em profissões de assistência, como enfermagem e terapia. O seu ponto fraco é um excesso de confiança nos seus sentimentos ao tomar decisões. Às vezes pode precisar tomar uma decisão impopular ou aborrecida, mas tem as habilidades necessárias para comunicar as suas razões aos outros de maneira sensível e compreensível.

Se você é consciente dos sentimentos, cairá em um dos dois tipos. Ou a sua sensibilidade é reservada para uma esfera da sua vida (há muitos empresários cruéis que são pais e parceiros dedicados e amorosos), ou você verdadeiramente não é sensível e nem insensível. Pense sobre qual desses tipos é verdadeiro para você.

TRAÇOS SUBJETIVOS
VOCÊ CONFIA NAS OUTRAS PESSOAS?

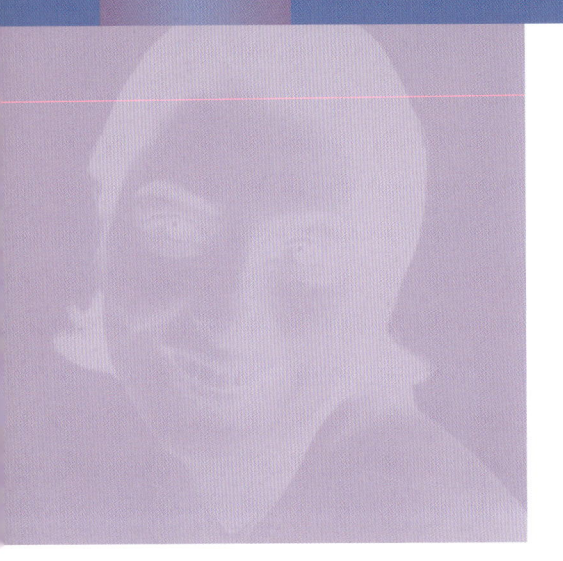

As pessoas são inerentemente boas e confiáveis, ou você fica imaginando quais são os motivos delas? As suas atitudes em relação à confiança são formadas tanto pela sua personalidade inata como pelo ambiente no qual você foi criado. As famílias costumam ter filosofias sobre a vida, que os pais passam para os filhos. Ensinaram você a ser desconfiado e cauteloso em relação aos outros, ou a esperar a bondade deles? As suas crenças sobre encontros e relações com as outras pessoas, especialmente com aquelas que não conhece intimamente, têm uma forte influência sobre a sua personalidade a esse respeito.

As pessoas confiantes costumam ser amistosas e esperam dos outros um tratamento justo e boas intenções. Elas são confiantes, tolerantes e receptivas, e esperam atitudes recíprocas nos relacionamentos. Elas são fáceis de conviver e tratar; elas não guardam rancores nem ofensas e consideram as pessoas pelo valor que vêem nelas. Correm o risco de os outros se aproveitarem delas,

TESTE A SUA HABILIDADE DE LER EXPRESSÕES

O rosto humano tem a capacidade de fazer dezenas de expressões, as quais aprendemos a notar e interpretar desde cedo. Geralmente comunicamos as nossas intenções em relação aos outros usando uma combinação de expressões dos olhos, da testa e da boca. Observe estes rostos. Tome nota do que acredita que cada pessoa está sentindo ou pensando.

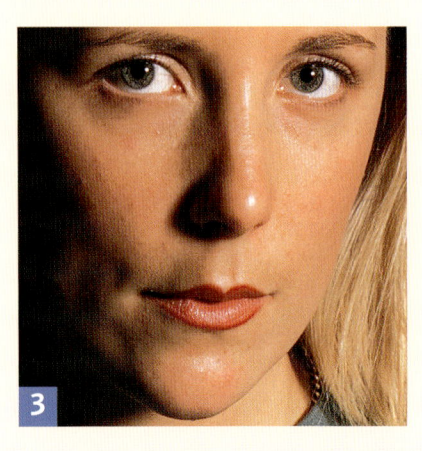

1
2
3

porque são ingênuas e também podem ser sensíveis a serem mal-intepretadas.

As pessoas prevenidas costumam perceber as intenções e motivos das outras pessoas e são perspicazes em captar as pistas da linguagem corporal e em pensar sobre o que motiva as outras pessoas. Então usam essas informações para agir e falar de acordo. O lado positivo dessa atitude é que essas pessoas são desembaraçadas e raramente são enganadas e manipuladas pelos outros. O lado negativo é que tais pessoas podem ser desconfiadas, incrédulas e cautelosas, o que pode fazer com que todos os tipos de relacionamentos tenham um mau começo. É muito difícil recuperar a confiança que se perdeu.

Se você confia facilmente nos outros, tem a tendência de procurar novos relacionamentos e conhecimentos, acreditando que boas coisas irão lhe acontecer e assim não tem nada a perder e tudo a ganhar. Esse otimismo normalmente é recompensado, mas há momentos em que não vemos todo o quadro – nem todo mundo é tão aberto e direto como você e você precisa olhar sob a superfície para explorar os verdadeiros sentimentos e motivações das pessoas. Embora a confiança seja fundamental no caso de um parceiro, é menos decisiva no trabalho ou nos relacionamentos casuais.

Se você é prevenido, tem habilidade em interpretar os desejos, medos e motivações das outras pessoas, mesmo quando elas são complicadas. Você observa a linguagem corporal, a inflexão da voz e as expressões faciais e contrapõe essas informações com as suas experiências anteriores de relacionamentos com a pessoa e o que sabe deles. Se usar essas técnicas com cuidado, será capaz de criar situações do tipo em que todo mundo sai ganhando. No entanto, nos seus relacionamentos pessoais e íntimos, você precisa ser capaz de relaxar a prevenção, porque a sua desconfiança exagerada poderá parecer como animosidade às pessoas mais próximas.

Se você é curioso, visa a confiança em casa e uma prevenção moderada no trabalho ou em situações sociais casuais. A habilidade de mudar de atitude é importante, portanto adote conscientemente o humor adequado. Ser precavido é bem cansativo, então relaxe em um ambiente confiável quando puder.

PONTUAÇÃO/INTERPRETAÇÃO

Você acredita que a pessoa 1 está a) feliz, ou b) fingindo ser feliz e amigável?
Você acredita que a pessoa 2 está a) envergonhada, ou b) sentindo-se culpada por alguma coisa?
Você acredita que a pessoa 3 está a) pensando em alguma coisa, ou b) tramando ou planejando algo?

Se você escolheu só a, então confia facilmente nos outros.
Se você escolheu só b, então você é prevenido.
Se você escolheu uma mistura de a e b, você é curioso.

TRAÇOS SUBJETIVOS

VOCÊ VIVE COM OS PÉS NO CHÃO OU COM A CABEÇA NA LUA?

Você é alguém que se concentra naquilo que é prático e verdadeiro e no que está acontecendo agora? Você é do tipo de pessoa que se concentra em detalhes e se sente mais à vontade com fatos concretos e figuras? Os tipos que vivem com os pés no chão, como você, são ótimos gerentes de projetos e se destacam na organização de eventos sociais ou comunitários, porque pensam em todos os detalhes práticos. O ponto fraco dessas pessoas está em "não ver a floresta por causa das árvores"; elas ficam tão absorvidas em ordenar os detalhes que não conseguem ver o quadro maior.

Talvez você seja mais atraído pelas coisas e idéias ainda a serem desenvolvidas ou exploradas. Você é mais voltado para idéias abstratas que para fatos externos e praticidades. Imaginativos e contemplativos, os tipos abstratos como você adoram idéias, possibilidades e teorias. Eles se superam em trabalhos criativos e a tendência da vida deles tem um viés para a vida pessoal por meio de passatempos e interesses como desenho de interiores, moda e o trabalho de escritor. O risco é que possam ficar tão absorvidos pelos próprios pensamentos que venham a ser considerados distraídos e desastrados.

PARA QUAL VISTA VOCÊ É ATRAÍDO?

A sua tendência para esse tipo de personalidade pode ser estudada por meio de vistas e paisagens. Observe este cenário. Para qual parte da vista você é atraído? Quais emoções afloram em você? Se pudesse se colocar em qualquer lugar deste quadro, onde seria?

ABSTRAÇÃO | 47

Se você é do tipo que vive com a cabeça na Lua, adora a idéia de oportunidades e possibilidades. Você provavelmente gosta de debater teorias e discutir idéias com os amigos. Seu pensamento não é limitado por aquilo que conhece e você olha para fora e para o alto em busca de inspiração. As suas potencialidades estão em imaginar soluções possíveis para os problemas, assim você pode gostar de um trabalho centrado na solução criativa de problemas ou na geração de idéias, como publicidade e *marketing*. No entanto, você não é bom em prever aspectos práticos e muda rapidamente para outros assuntos quando se aborrece. Tente seguir pelo menos uma das suas idéias até a conclusão lógica.

Se você é do tipo que vive com os pés no chão, é melhor quando se ocupa de uma solução específica para um assunto, do que quando pensa em muitas maneiras incomuns de fazer alguma coisa. Entre os tipos de trabalho para você destacam-se o jornalismo ou a medicina, em que é preciso se concentrar nos fatos e comprometer-se com um determinado curso de ação. Você pode ter pouca imaginação ou literal demais, porque pensa de um modo muito concreto. Tente mudar um pouco a sua rotina diária e esteja aberto às oportunidades que surgirem.

Se você é do tipo que se fixa no horizonte, é uma mistura perfeita do tipo que vive com os pés no chão e é ao mesmo tempo capaz de mudar para a fantasia e abstração. Talvez você seja um bom administrador, em casa ou no trabalho, mas gosta de artes. Talvez você seja um ótimo contador de histórias ou tem um bom olho para o desenho. A sua natureza mais "aérea" encontrará algumas maneiras de se expressar.

PONTUAÇÃO/INTERPRETAÇÃO

Se você se sentiu atraído para o caminho sinuoso ou para as montanhas distantes, você é do tipo que vive com a cabeça na Lua.

Se você se sentiu atraído para o rio e as suas imediações, você é do tipo que vive com os pés no chão.

Se você se descobriu atraído para a casa e para o cercado, você é do tipo que olha para o horizonte.

TRAÇOS SUBJETIVOS
VOCÊ É FÁCIL DE INTERPRETAR?

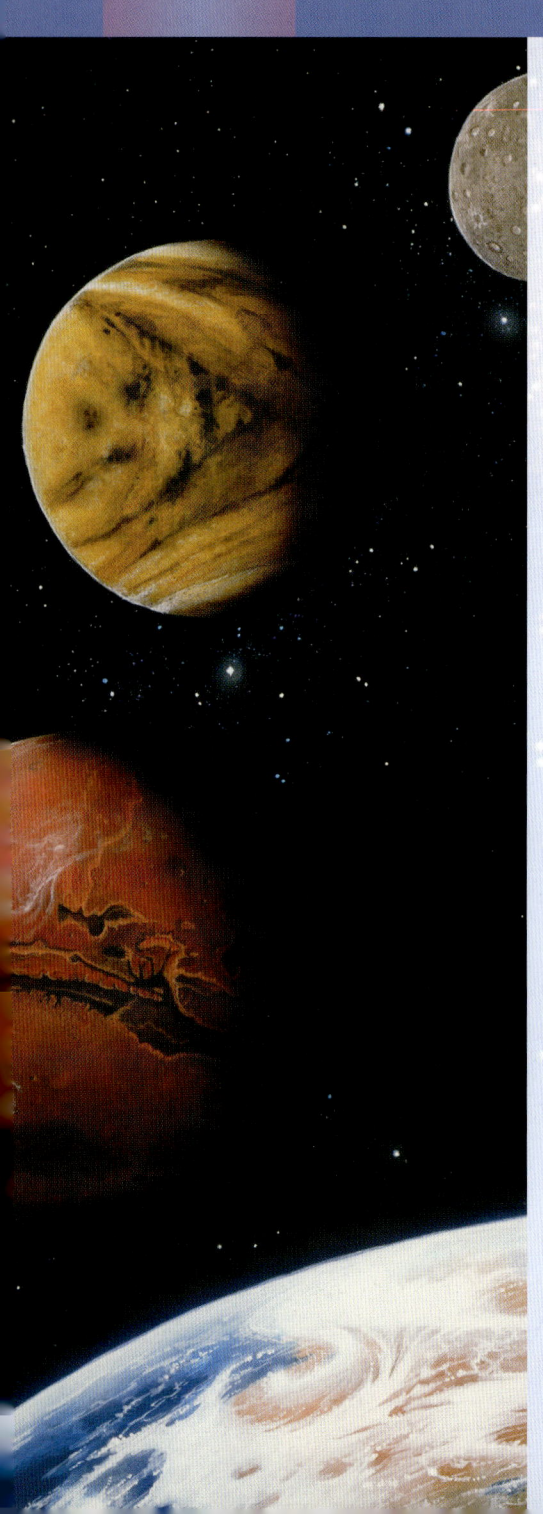

A discrição não é apenas "a melhor parte do valor", mas também um traço muito respeitado em cortesãos e diplomatas. As celebridades também procuram pela discrição absoluta nos seus funcionários para que possam protegê-las da intromissão da imprensa na sua vida particular. Portanto a discrição é apreciada pelos outros, mas como ela se manifesta como um traço de personalidade?

As pessoas discretas são reservadas e sabem guardar segredos. Elas costumam ser contidas e relutam em desvelar detalhes pessoais, fechando as mãos em forma de oração sobre o peito. Elas são do tipo de pessoa que quase nunca chegamos a conhecer; elas precisam confiar em você antes de se abrir, e podem relutar em revelar qualquer tipo de informação íntima. No entanto, elas são confiáveis e sensíveis.

Ao mesmo tempo, existem pessoas cuja personalidade é direta, reveladora e aberta. Elas são dispostas a falar prontamente sobre si mesmas, até mesmo sobre assuntos bastante pessoais. Costumam "pôr todas as cartas na mesa" e ser verdadeiras e francas. Raramente ocorre alguma confusão ou má interpretação nas conversas ou decisões tomadas. Por ser atraído pela facilidade com que se revelam, você pode se sentir emocionalmente mais íntimo delas do que é na realidade.

TESTE SUA AFINIDADE PLANETÁRIA

Os planetas receberam esse nome do idioma grego antigo, significando: errantes; e o conhecimento que temos de cada planeta do nosso sistema solar varia imensamente.

Conhecemos bastante sobre o nosso próprio planeta, a Terra. Vivemos nele e o exploramos. A atividade vulcânica já revelou muita coisa sobre seu centro e a exploração espacial nos permitiu vê-lo do espaço. A Terra nos revelou muitos dos seus segredos.

Mercúrio é o planeta mais próximo do Sol, do qual nunca se afasta muito e como tal está sempre próximo do brilho daquela estrela. Ele está tão próximo do nosso ofuscante e crepitante Sol que permite a observação da sua superfície, apesar de ela ser praticamente toda rochosa como a da nossa Lua. Os astrônomos foram incapazes de fazer esse

PRIVACIDADE | **49**

Se você é uma pessoa aberta, provavelmente sente-se bem com muitas pessoas e acredita na honestidade como a melhor política. Você é transparente para as pessoas mais próximas, porque conversa sobre assuntos e acontecimentos muito abertamente. Pode parecer também alguém revelador em excesso, deixando os outros incomodados com as suas confidências e confissões; outro risco é que seja franco em situações onde poderia ser mais astuto, circunspecto e diplomático. Pense cuidadosamente antes de revelar coisas sobre si e sobre os outros. Qual seriam as conseqüências das suas informações?

Se você é uma pessoa discreta, provavelmente tem poucos relacionamentos íntimos, embora possa ter numerosos conhecidos socialmente. As pessoas discretas valorizam a discrição nos outros; quando fala sobre si mesmo, você espera que as suas informações sejam tratadas como confidências. Você pode parecer distante ou hostil e difícil de se conhecer. Tente ampliar um pouco o seu círculo de confiança. Como regra geral, se alguém lhe revelar alguma coisa, você se tornará mais íntimo respondendo de maneira igual.

Se você é diplomático, provavelmente tende ao equilíbrio certo entre a franqueza e a discrição. Você considera o melhor enfoque antes de falar? Costuma mostrar um traço em alguma situação ou com alguma pessoa mais do que em outras? Há momentos em que cada estilo dá os melhores resultados.

estudo até muito recentemente, mas ainda existem algumas áreas do planeta que nunca foram vistas.

Vênus, a meio caminho entre a Terra e Mercúrio, é o maior planeta visto no céu à noite. Por muito tempo acreditou-se que fosse um gêmeo celeste da Terra, uma vez que tem um tamanho quase idêntico ao da Terra e é o nosso planeta vizinho. Durante o século XVIII, os astrônomos pensavam que os trechos escuros e iluminados fossem paisagem, mas em 1960 uma exploração com robôs revelou que eram na verdade nuvens de mais de 30 quilômetros de espessura que escondiam uma superfície inóspita. Vênus não é tudo o que parece.

PONTUAÇÃO/INTERPRETAÇÃO

Se você é como a Terra – fácil de conhecer e revelador – você é uma pessoa aberta.
Se você é como Mercúrio – mantém partes de si mesmo ocultas dos outros – você é uma pessoa discreta.
Se você é como Vênus – aparentemente franco, mas conservando alguma privacidade – você é uma pessoa diplomática.

QUAL É A SUA COR?

A cor desempenha um papel fundamental na natureza. Os animais e os insetos instintivamente sabem que algumas cores significam "Não me coma, sou venenoso!" e que outras cores dizem "Venha e experimente-me!" A cor é usada pelas abelhas e vespas para advertir pássaros e pequenos mamíferos, considerando que as abelhas e borboletas acham as flores tão bonitas e atraentes como nós. A atração delas por uma planta especial assegura a sua fertilização e sementes para a próxima geração.

Mas o que é a cor? Quando a luz do sol passa por um prisma, a luz se divide em sete cores visíveis, as mesmas cores do arco-íris. A terapia da cor, o uso da cor para mudar e melhorar o nosso humor, é também conhecida como a terapia da luz por essa razão. A luz é uma forma de energia, e é por isso que certas cores podem estimular o rejuvenescimento emocional e espiritual.

A cor exerce uma influência profunda sobre o ser humano em todos os níveis: físico, mental, emocional e espiritual. Por exemplo, pode-se encontrar consolo no tranqüilizante verde das árvores e das plantas da natureza, enquanto as placas reluzentes de néon colorido produzem excitamento. Atualmente, vivemos cercados por cores de uma maneira que confundiria e sufocaria as antigas gerações: as mais extraordinárias variações de cores e tintas para a nossa casa, carro e roupas; as cores da televisão e da tela dos computadores. Usamos as cores todos os dias da nossa vida mesmo sem perceber, desde para ler os sinais de trânsito até para identificar uma fruta madura.

Um dos trabalhos mais influentes na psicologia das cores foi do dr. Max Lüscher, um alemão que criou em 1948 o Teste de Cor Lüscher. Lüscher baseou o seu teste em oito cores, cada uma escolhida com cuidado por causa do seu particular significado psicológico e fisiológico. Segundo essa teoria, se as cores geram reações e associações emocionais, então as cores que as pessoas preferem podem dizer algo sobre o seu estado emocional no momento e a sua personalidade.

Como resultado da pesquisa de Lüscher, a cor é usada hoje em dia de muitas maneiras positivas: nos negócios, para assegurar que os funcionários trabalhem mais produtivamente; nos hospitais, para acalmar e restabelecer a saúde dos pacientes; e nas escolas, para criar uma atmosfera de aprendizado. Os nossos conhecimentos sobre os benefícios da luz e das cores aumentam o tempo todo.

Cinza A cor da neutralidade, o cinza comunica um elemento de não envolvimento ou descomprometimento. É uma cor que permanece sem compromisso e alheia.

Azul Essa é a cor da calma, do repouso e da unidade, simbolicamente a cor do céu e do oceano. As associações psicológicas são de contentamento, gratificação e de estar em paz.

Verde Sempre associada ao desejo de uma saúde melhor, uma vida útil, ou reforma social; uma pessoa que possui – ou deseja possuir – altos níveis de auto-estima reage fortemente ao verde.

Vermelho As associações para esta cor são com vitalidade, atividade, desejo, apetite e ânsia. A pessoa que gosta do vermelho está procurando experiências intensas e viver uma vida plena.

Amarelo Basicamente, a cor da felicidade, falta de inibição, alegria e expansão; pessoas que preferem o amarelo podem ser muito produtivas, mas essa produtividade sempre ocorre esporadicamente.

Violeta Representa o desejo de satisfação e de encantar outros; a preferência pelo violeta pode transmitir vulnerabilidade ou insegurança, talvez uma necessidade de aprovação.

Marrom Símbolo das "raízes", terra, casa e segurança familiar; a preferência pelo marrom sugere uma grande necessidade de facilidades materiais e satisfação sensual e de se libertar de desconfortos.

Preto Como o limite absoluto além do qual a vida termina, o preto expressa a idéia do nada, de extinção. Geralmente considerado negativo, pode reforçar as características de uma cor que o envolve.

De que maneira as cores podem me influenciar?

As pessoas geralmente têm sintomas emocionais e físicos que podem ser aliviados e acalmados pelo uso de determinadas cores. Você pode ser atraído por uma cor por duas razões. Ela pode ser a cor da sua personalidade, a sombra que reflete você e que melhor caracteriza as suas crenças, atitudes e disposição intelectual. Essa cor o ajudará a manter a sua força interior e alimentar você. Ou ela pode ser a cor que você precisa para reparar um desequilíbrio na sua vida – uma cor que o seu corpo intuitivamente sabe que ajudará em um processo de cura.

Por causa dos seus efeitos positivos sobre a sua personalidade e a sua saúde, você vai querer incorporar a sua cor na sua vida de muitas maneiras. Eis aqui algumas idéias:

• Decore o seu quarto ou estúdio com uma tonalidade da sua cor, algo nas paredes, no forro de uma almofada. Tenha em mente que uma cor forte, por ser influente, pode ser sufocante, mas uma versão mais atenuada pode ser igualmente eficaz.
• Use uma peça do vestuário ou carregue um acessório da sua cor.
• Compre um *mousepad*, uma caneca ou um acessório de mesa na sua cor, para que a cor o acompanhe sempre enquanto estiver trabalhando. Olhar para a sua cor durante o dia manterá você energizado.
• Crie um arranjo floral para a sua casa, escolha flores que sintetizem a sua tonalidade, como rosas vermelhas, narcisos silvestres amarelos ou zínias de cor laranja.

TRAÇOS SUBJETIVOS
VOCÊ SE SENTE SEGURO?

Você usava chupeta quando criança ou tinha um cobertorzinho ou fraldinha que levava para todo lado? Embora o uso da chupeta seja comum na infância, se você se apegou a ela de maneira incomum, pode ser um sinal de que sentia necessidade de mais segurança e tinha dúvidas sobre alguma coisa ou sobre a vida em geral. Todos precisamos de segurança, só que alguns de nós parecem ter o suficiente, ao passo que outros a buscam em outras fontes.

As pessoas inseguras passam por fases em que se questionam, e costumam se preocupar com tudo e se sentirem ansiosas. Esses sentimentos podem se manifestar como uma reação aos acontecimentos da vida atual (como uma

TESTE

Leia todas as perguntas e responda com um "sim" ou "não".

Você:
1. Expressa as suas opiniões de maneira confiante em público?
2. Costuma manter a calma em situações que envolvem muita emoção?
3. Se incomoda com pessoas que se preocupam com os mínimos detalhes?
4. Às vezes acha difícil admitir que está errado?
5. Tem fé absoluta em si mesmo?
6. Confia que o seu parceiro seja fiel?
7. Sente-se confiante na maior parte do tempo?
8. Acha difícil aceitar críticas?
9. Gosta de aparecer na frente de uma platéia?
10. Pensa mais no futuro do que no passado?

mudança de casa, ou o fim de um relacionamento) ou constituir traços pessoais (e como tal fazendo parte da psique). Embora a pessoa preocupada possa prever os perigos, ser sensível às reações dos outros e imaginar as conseqüências de atos, isso também pode ser um sofrimento e causar má impressão social nas outras pessoas.

Pode ser que você tenha sido uma criança que nunca precisou de chupeta nem gostava de bonecas. As pessoas seguras são determinadas, despreocupadas e tolerantes. Tendem a ser confiantes e não se preocupam em se questionar muito. Embora isso as torne mais resistentes em momentos de tensão, em casos extremos elas podem ter uma confiança inquebrantável, mesmo em situações que exigem uma reavaliação e uma postura melhor. Em parte, ser maduro é saber avaliar e julgar o próprio desempenho com precisão. As pessoas seguras podem deixar de fazê-lo, por acreditarem demais em si mesmas.

PONTUAÇÃO/INTERPRETAÇÃO

Se você respondeu sim a 7 ou mais perguntas – você é seguro. Considera-se auto-suficiente e encontra forças dentro de si mesmo, em vez de procurá-las do lado de fora.

Se você respondeu sim a 3 ou menos perguntas – você é inseguro. Provavelmente, procura confiança e apoio nos outros.

Se você respondeu sim a 4 a 6 perguntas – você é moderadamente seguro.

Se você é uma pessoa insegura, costuma confiar e acreditar menos em si mesmo e busca segurança em outras fontes, como o seu companheiro, a família e os amigos. Em conseqüência disso, recebe muito retorno dos outros, mas é importante que essas opiniões sejam sinceras e não apenas para tranqüilizá-lo. De qualquer maneira, tantos conselhos assim lhe darão a oportunidade de crescer bastante – o primeiro passo no crescimento como pessoa é aprender como os outros o vêem, e você está no caminho certo.

Se você é uma pessoa segura, provavelmente é confiante e determinado, com poucas possibilidades de ser influenciado pelos colegas ou mesmo grupos. Você se conhece e confia nas suas idéias. A sua zona de perigo é parecer extremamente confiante e arrogante, e as pessoas acharem difícil apreciar tanta crença em si mesmo. Experimente pedir opiniões ou críticas a seu respeito, mostrando que não evita ouvir os outros ou aceitar que também tem alguns pontos negativos.

Se você é moderadamente seguro, então é uma pessoa confiante na maioria das vezes e que tem um pouco de insegurança. Essas inseguranças costumam se manifestar em relação à aparência pessoal (muitos de nós temos inseguranças com relação à aparência!), a determinados ambientes (ao começar num novo trabalho ou ao chegar a um país estrangeiro) ou em relações com pessoas especiais (conversar com um superior no trabalho ou ser interrogado pela polícia). Essas inseguranças são muito naturais, apenas perceba que existem e aprenda com elas, deixando que o seu lado confiante lhe dê o empurrãozinho de que precisa.

TRAÇOS SUBJETIVOS
VOCÊ É FLEXÍVEL?

A flexibilidade tem a ver com a abertura a idéias novas, livre pensamento e experimentação. O desenvolvimento do mundo ocidental moderno baseia-se nesse traço de personalidade, depois que grupos de intelectuais, artistas e cientistas mudaram o mundo questionando, desafiando e inovando: dos pintores e escritores da Renascença na Itália aos inventores e engenheiros da Revolução Industrial na Grã-Bretanha e ao movimento pela paz em San Francisco, na década de 1970.

Os tipos flexíveis costumam ser receptivos e inovadores, procurando constantemente maneiras de mudar e melhorar a vida. Costumam ser críticos e questionar a autoridade e, quando ouvem que algo "sempre foi feito dessa maneira", é como agitar um pano vermelho para um touro! Eles efetivamente

TESTE A SUA FLEXIBILIDADE

Dê uma olhada nestes três diferentes nós usados pelos homens na gravata.

Você ficaria com o nó corredio comum, ou experimentaria maneiras mais inovadoras e diferentes de se apresentar? Pensaria em usar um nó Windsor em certas ocasiões, ou o usaria sempre que sentisse vontade?

O Nó Corredio – Este é o nó de gravata padrão, usado em todo mundo. É a maneira usual de prender uma gravata e é usado com camisas de colarinho padrão.

O Meio Nó Windsor – Este nó é ligeiramente maior do que o nó corredio, mas pode ainda ser usado com camisas de colarinho padrão.

DISPOSIÇÃO PARA MUDANÇAS | **55**

apreciam a mudança e se aborrecem com a rotina. Isso pode acabar cansando os outros, que acham a mudança pela simples mudança perturbadora e aborrecida.

Aqueles que se caracterizam por resistir à mudança são os tipos tradicionais, que ficam à vontade com o que é familiar. A sua tendência é manter o modo habitual de fazer as coisas, acreditando que "em time que está ganhando não se mexe". Preferem o que é previsível, a rotina, portanto não questionam a vida. Para eles, é melhor deixar tudo como está, guardando as suas energias para outros assuntos. Essa maneira de ver pode ser aborrecida para quem gosta de mudanças e duas pessoas com esse traços de personalidade em pólos opostos entrarão em choque sem dúvida nenhuma.

Se você é flexível, pode adorar mudar-se para um novo apartamento ou casa, só para conhecer um novo bairro e renová-lo quando chegar lá. Talvez você troque seu carro por um novo modelo com freqüência, ou adore as últimas tendências na moda ou na música. Sua zona de perigo está nos seus relacionamentos – a constante busca de mudança pode resultar em uma "comichão nos pés" na hora de se acomodar.

Se você é tradicionalista, então adora se cercar dos confortos do lar e ter hábitos calmos. Faz sempre o mesmo caminho para o trabalho, tem um horário fixo para o jantar e escolhe as mesmas roupas para certas ocasiões. Isso lhe deixa tempo e energia de sobra para cultivar outros interesses, mas você pode se acomodar demais em uma situação, o que pode ter uma influência negativa sobre a sua felicidade e a sua carreira.

Se você é adaptável, está aberto a algumas mudanças se achar que o momento e as circunstâncias exigem. Você se permite tornar-se mais flexível ou tradicionalista, e seria um ótimo companheiro para alguém no extremo oposto, porque é capaz de se adaptar.

O Nó Windsor – Este nó é especialmente grande, usado com camisas de colarinho largo. Dá-se mais atenção à gravata, porque ela se destaca mais na camisa.

PONTUAÇÃO/INTERPRETAÇÃO

Se você gosta dos nós de Windsor e imagina usá-los a qualquer momento, então provavelmente é uma pessoa flexível.

Se você prefere o nó corredio padrão e prefere aquilo que conhece, você provavelmente é tradicionalista.

Se você se imagina usando outros nós ocasionalmente, você é uma pessoa adaptável.

TRAÇOS SUBJETIVOS
VOCÊ É UM ANIMAL GREGÁRIO?

A *Máscara do Zorro*, um popular seriado da televisão americana ambientado no oeste selvagem, inspirava-se nas expedições e aventuras de John Reid, o único sobrevivente de uma emboscada. O homem mascarado que usava balas de prata era retratado como um protetor dos inocentes, com um inabalável senso de justiça e que atuava sempre sozinho. Em termos de personalidade, ele era um solitário, que preferia passar o tempo na sua própria companhia.

Considerando que a palavra "sozinho" tem conotações negativas, "solitário" é um termo mais apropriado para esse personagem, uma vez que ele era sempre seguido pelo seu companheiro, o índio Tonto. As pessoas sozinhas são independentes, individualistas e solitárias. Elas confiam no próprio julgamento e não costumam discutir as alternativas com os outros, preferindo assumir a responsabilidade (e crédito) pelas ações. Precisam do seu próprio tempo e espaço para recarregar as baterias. Esse traço é importante em qualquer trabalho que requeira autonomia e pouca interação com colegas (como no caso de um caixeiro-viajante). O lado negativo é que os solitários acham difícil cooperar com os outros, uma característica importante no mercado de trabalho atual.

As pessoas que preferem atuar em grupo, por sua vez, recarregam as baterias com a energia das pessoas ao redor, então gostam de freqüentar clubes, festas no trabalho, até jantares sociais. Tornam-se bons participantes de equipe e se dão bem quando a situação exige união de esforços, como numa equipe de saúde ou grupo de teatro. O seu lado negativo é que pode lhes faltar confiança para agir com independência e precisam procurar a aprovação do grupo antes de tomar qualquer decisão.

TESTE SUA PREFERÊNCIA ENTRE O LOBO, O GUEPARDO OU O LEOPARDO

Os animais selvagens têm estruturas sociais variadas.

Os **lobos** têm uma organização social muito sofisticada, com uma hierarquia rígida baseada no domínio e na supremacia. O casal no topo da hierarquia é conhecido como macho e fêmea alfas e normalmente é o único par que procria. Os lobos se comunicam usando expressões faciais, gestos e vocalizações, as quais reforçam a estrutura e a coesão da matilha. As matilhas de lobos geralmente compõem-se de 4 a 8 integrantes.

Os **guepardos** têm um estrutura social única e altamente flexível em comparação à dos outros felinos. As fêmeas costumam viver sozinhas (a não ser quando acompanhadas dos filhotes). Os adultos se evitam, mas podem dividir o produto da caça. A maioria dos machos também vive só, mas alguns mantêm uma coligação duradoura de 2-4 integrantes. Os machos em coligação costumam defender territórios, enquanto os

CONFIANÇA EM SI MESMO | 57

Se você prefere os grupos, vive cercado de amigos, familiares, colegas e vizinhos. Sabe como ninguém manter uma rede de relacionamentos, gosta de participar de comissões e grupos para angariar fundos, e provavelmente é voluntário para projetos em equipe, aproveitando a oportunidade para conhecer gente nova. No entanto, quando acontece de ser procurado para dar uma orientação ou um conselho, talvez ache difícil se decidir. Tente melhorar a sua capacidade de tomar decisões começando com algo pequeno – como o horário para o almoço ou onde passar o fim de semana.

Se você é afável, gosta tanto de trabalhar em equipe como do tempo que passa sozinho. O período que passa sozinho recarrega as sua baterias para quando ficar na companhia dos outros; da mesma maneira, as ocasiões em que está com os outros lhe dão energia. Aprenda a gostar de ambos os aspectos deste traço. Sentir prazer tanto acompanhado quanto solitário é um dom.

Se você é solitário, é independente e autônomo, e relativamente introvertido. Não precisa da companhia dos outros para se apoiar; na verdade, quando passa muito tempo com os outros, especialmente com pessoas que não conhece muito bem, logo começa a planejar a partida. Para cultivar a arte da conversação e desenvolver interesses que o aproximem de pessoas que pensam como você, tente passar pelo menos parte do dia com as outras pessoas.

machos solitários têm um estilo de vida mais nômade.

Os **leopardos** são uma das visões mais raras em um safári – são furtivos e evasivos. Além de se camuflarem surpreendentemente bem. Os leopardos têm um estilo de vida completamente solitário. Os machos habitam territórios de 3 a 25 quilômetros quadrados, que podem se sobrepor aos territórios de várias fêmeas. São muito ciosos do seu território e urinam nos limites para advertir os intrusos.

Com qual animal você se identifica?

PONTUAÇÃO/INTERPRETAÇÃO

Se você escolheu os lobos, então é uma pessoa que prefere os grupos.

Se você escolheu os guepardos, é uma pessoa afável.

Se você escolheu os leopardos, é uma pessoa solitária.

TRAÇOS SUBJETIVOS
VOCÊ TEM UM ESPÍRITO LIVRE?

Você adora a liberdade e a aventura de uma viagem em que chega ao aeroporto apenas com as passagens, sem se preocupar com o local onde ficará hospedado, mesmo que isso possa se converter em um pesadelo? Você prefere um itinerário bem planejado para percorrer, ou isso lhe parece o cúmulo da organização? As diferenças desses dois pontos de vista salientam os dois extremos do traço perfeccionista.

As pessoas que gostam de espontaneidade são descontraídas e naturais, deixando tudo ao acaso. Gostam da imprevisibilidade e são maleáveis, não se preocupando com os aspectos práticos da vida. Saem-se bem em funções que requerem o trato com informações caóticas e mutáveis, como o controle do tráfego aéreo ou o trabalho policial. As pessoas no ponto extremo desse traço precisam cuidar para que a sua vida não se torne desorganizada, imprevisível ou indisciplinada.

As pessoas disciplinadas costumam ser perfeccionistas, pontuais e precisas. Gostam de ser organizadas, planejar com antecedência, perseverar e trabalhar diligentemente. São excelentes ao trabalhar com recursos humanos e logística, onde a sua capacidade de organização é valorizada. Sentem-se mal em situações desestruturadas e caóticas e podem tentar impor um plano de ação ou querer organizar tudo. Às vezes, isso é necessário, como ao cuidar de crianças pequenas; outras, essa tendência aborrece e incomoda os outros, especialmente em reuniões descontraídas.

TESTE A SUA NATUREZA ELEMENTAR

Considere os quatro elementos da vida: fogo, água, ar e terra. Eles têm uma relação com os quatro humores, como na classificação de Hipócrates, ou com os signos do zodíaco. Segundo os propósitos deste exercício, tente imaginar os elementos de uma maneira diferente: até que ponto eles são espontâneos? controláveis? previsíveis? Com que elemento você identifica a sua personalidade?

PERFECCIONISMO | **59**

Se você é uma pessoa espontânea, é um amigo interessante e alegre, encorajando os outros a esquecer os aborrecimentos e viver a vida plenamente. No entanto, você pode ser inconstante e desleixado. Embora isso não importe quando se está sozinho, na companhia de outras pessoas isso poderá irritá-las e fazer com que o considerem incompetente e preguiçoso – mesmo que não seja. Tente mudar a maneira como as pessoas o vêem.

Se você é disciplinado, é mais eficaz em situações estruturadas e organizadas. Gosta da previsibilidade e de trabalhar em uma rotina que maximize o seu tempo. No entanto, tem dificuldade em lidar com o imprevisível e pode parecer inflexível e dogmático. Você precisa avaliar quais situações realmente importam e quais pode deixar passar.

Se você é flexível, então pode ser capaz de alternar entre a espontaneidade e a disciplina, dependendo da situação. Assim sendo, consegue se adaptar à maioria dos grupos, sendo considerado eficiente no trabalho, porque não perde tempo com ninharias. Mas talvez não consiga mudar de uma condição para a outra e fique na verdade entre as duas – um pouco organizado, gostando de uma certa espontaneidade. Experimente mudar o seu comportamento entre um extremo e outro.

PONTUAÇÃO/INTERPRETAÇÃO

O fogo é imprevisível e geralmente muito difícil de controlar. Se você escolheu o fogo, então é espontâneo.
A terra é geralmente firme e demora a mudar. Se você escolheu a terra, então é disciplinado.
O ar e a água podem ser controlados e contidos até certo ponto, apesar de conservarem alguma imprevisibilidade. Se você escolheu um desses dois, então é flexível.

TRAÇOS SUBJETIVOS
VOCÊ GOSTA DA AGITAÇÃO OU DO SOSSEGO?

Como são as suas férias? Para muitas pessoas, as férias são uma oportunidade para fugir do trabalho e das obrigações domésticas, e para conhecer lugares diferentes. Quem mora na cidade pode procurar a tranqüilidade e o sossego do campo; quem mora no interior talvez queira conhecer um aspecto da cidade grande ou se hospedar em uma praia movimentada. A necessidade de tranqüilidade e sossego, ou a agitação das pessoas por toda a parte se aplicam à nossa personalidade assim como os ambientes que procuramos.

As pessoas tranqüilas são relaxadas e pacíficas. São como um riacho de águas frescas correndo suavemente pelo campo. Não se irritam nem se agitam com facilidade e raramente se incomodam com imprevistos. Saem-se bem em funções que exigem paciência e cabeça fria, como enfermagem ou magistério. O lado negativo da preferência por uma vida pacata é que essas pessoas muitas vezes têm dificuldade de se motivar e podem parecer desinteressadas e preguiçosas.

As pessoas tensas são motivadas e têm muita energia. São como uma avenida da moda em uma metrópole no sábado à noite. As pessoas tensas podem ser impacientes e irritáveis, mas há benefícios nessa "tensão" – até certo ponto ela é necessária para a concentração e a eficácia. As personalidades tensas são motivadas e ativas, além de ser excelentes para motivar as pessoas.

Se você é uma pessoa tranqüila, é assentado, extrovertido e sereno. O seu estilo relaxado atinge as pessoas, que o consideram um amigo ou parceiro tranqüilo e livre de tensão. No entanto, a sua grande inclinação para ficar à vontade e a falta de estímulos e de energia significam que você pode não querer mudar nem se motivar. Você tem algumas ambições não realizadas, mesmo pequenas? Faça um plano para concretizar algumas delas.

Se você é uma pessoa tensa, então tem muita energia, gosta de atividade e é um realizador. Você provavelmente se esforça para se aprimorar e ter um bom desempenho. O seu dinamismo é contagioso e você tem carisma para melhorar as coisas. No entanto, com uma tendência a ser muito tenso e nervoso, você deve aprender a relaxar, ou vai se exaurir. Experimente fazer relaxamento ou ouvir uma música de que gosta – tente ficar sem fazer nada!

Se você é uma pessoa serena, provavelmente tem inclinação tanto para o estilo tranqüilo quanto para o tenso, mas aprendeu técnicas que o afastam dos extremos. Essa é uma boa maneira de lidar com a sua personalidade. Considere qual dos dois tipos – o tranqüilo ou o tenso – parece ter mais a ver com você. Você consegue recuperar o seu estilo natural, se necessário?

TESTE SUA DISPOSIÇÃO DE VENCER

Numa fábula de Esopo, uma tartaruga e uma lebre disputam sobre qual das duas é a mais veloz. Então decidem resolver a contenda com uma corrida. Depois de acertado o caminho, elas partem. A lebre sai à frente e logo assume a dianteira a uma certa distância. Vendo que está muito à frente da tartaruga, a lebre acha que pode fazer uma parada e relaxar um pouco. Ela se senta embaixo de uma árvore e logo cai no sono. Enquanto isso, a tartaruga, que caminha lentamente, passa à frente da lebre e logo termina a corrida, aparecendo como a vencedora incontestes. A lebre só acordou a tempo de ver a tartaruga cruzar a linha de chegada.

A lebre parecia indicada a vencer, mas acabou se tornando arrogante e se distraiu. A tartaruga se arrastava lentamente, mas teve a sorte de vencer a corrida. Você se parece mais como a lebre ou com a tartaruga?

PONTUAÇÃO/INTERPRETAÇÃO

Se você se parece com a tartaruga, então é uma pessoa tranqüila.

Se você se parece com a lebre, é uma pessoa tensa.

Se você se identifica parcialmente com os dois personagens, então é uma pessoa serena.

TRAÇOS SUBJETIVOS

O SEU PERFIL DOS TRAÇOS SUBJETIVOS

Depois de ter feito todos os testes relativos aos traços subjetivos, você pode calcular os seus resultados para ter uma visão geral da sua personalidade "subjetiva", ou como você é realmente por dentro. Circule os quadros contendo os resultados dos seus testes, depois acrescente os seus itens circulados às respectivas colunas.

	A	B	C
Págs. 26-27	Quente	Indiferente	Frio
Págs. 28-29	Criativo	Centrado	Lógico
Págs. 30-31	Emocionalmente reativo	Emocionalmente equilibrado	Emocionalmente estável
Págs. 32-33	Condescendente	Assertivo	Dominador
Págs. 34-35	Animado	Comedido	Sério
Págs. 36-37	Infrator	Escolhe as normas	Segue as normas
Págs. 38-39	Socialmente ousado	Socialmente cauteloso	Socialmente retraído
Págs. 42-43	Sensível	Consciente dos sentimentos	Insensível
Págs. 44-45	Confiante	Curioso	Prevenido
Págs. 46-47	Com a cabeça na Lua	Voltado para o horizonte	Com os pés na terra
Págs. 48-49	Aberto	Diplomático	Discreto
Págs. 52-53	Inseguro	Moderadamente seguro	Seguro
Págs. 54-55	Flexível	Adaptável	Tradicionalista
Págs. 56-57	Prefere os grupos	Afável	Solitário
Págs. 58-59	Espontâneo	Flexível	Disciplinado
Págs. 60-61	Tranqüilo	Sereno	Tenso
Total			

PONTUAÇÃO

Se você tem mais itens circulados na coluna A, você é emocionalmente dependente.

Se você tem mais itens circulados na coluna B, ou um número igual em quaisquer duas colunas, você é emocionalmente neutro.

Se você tem mais itens circulados na coluna C, você é emocionalmente auto-suficiente.

INTERPRETAÇÃO

Emocionalmente dependente

Você é uma daquelas pessoas que precisa da intimidade emocional dos relacionamentos. Não leva as coisas tão a sério e tem uma postura relaxada em relação à vida. Você estabelece laços fortes e duradouros com os colegas, amigos e parceiros, e sabe adivinhar os sentimentos das outras pessoas. Além disso, tenta ver o bem nas outras pessoas. Você vê além do aqui e agora, é consciente espiritualmente e está em contato com a natureza e o mundo exterior.

No entanto, você também pode ser inseguro, e você gosta de externar as suas emoções mas raramente as contém, o que pode ser um grande peso para as outras pessoas. Você gosta que as coisas sejam agradáveis a qualquer custo, curva-se humildemente ante uma confrontação e deixa a solução aos mais fortes em vez de defender a sua posição. Você não gosta de ferir os sentimentos das pessoas, o que pode levá-lo à indecisão e à frustração das pessoas envolvidas.

Emocionalmente auto-suficiente

Você gosta de ordem, previsibilidade e normas. Adota rotinas que procura seguir, cumpre os prazos e chega aos lugares na hora marcada. Você gosta da sua própria companhia e pode passar horas sozinho ou dedicando-se a *hobbies* e passatempos. Você é frio, calmo e concentrado, tendo o controle das suas emoções e da sua vida. Você raramente perde a calma.

E quanto às desvantagens? Bem, você é essencialmente voltado para dentro e tem uma tendência a insistir muito nos seus pontos de vista sobre a vida e os acontecimentos. Sua frieza emocional pode ser interpretada como distância, reserva e desconfiança. A sua necessidade de ordem e previsibilidade significa que você pode parecer inflexível e dogmático. Divertir-se um pouco mais e relaxar seria um bom conselho!

Emocionalmente neutro

Você provavelmente combina as melhores e piores qualidades de ser dependente de relacionamentos e emocionalmente auto-suficiente. O lado bom disso é que você alcança um bom equilíbrio entre o calor emocional e o distanciamento em situações adequadas. Você não é muito carente emocionalmente, mas também não é indiferente nem distante. Gosta de um pouco de espontaneidade tanto quanto de ter alguma ordem na sua vida.

No entanto, você pode ter a capacidade de ser mais dependente de relacionamentos ou emocionalmente auto-suficiente, dependendo da situação, e pode fazer isso consciente ou inconscientemente. Pergunte-se até que ponto troca de tipo de personalidade – é bem comum se comportar de maneira diferente em casa e no trabalho, por exemplo, ou ser diferente com os amigos do que é com os pais.

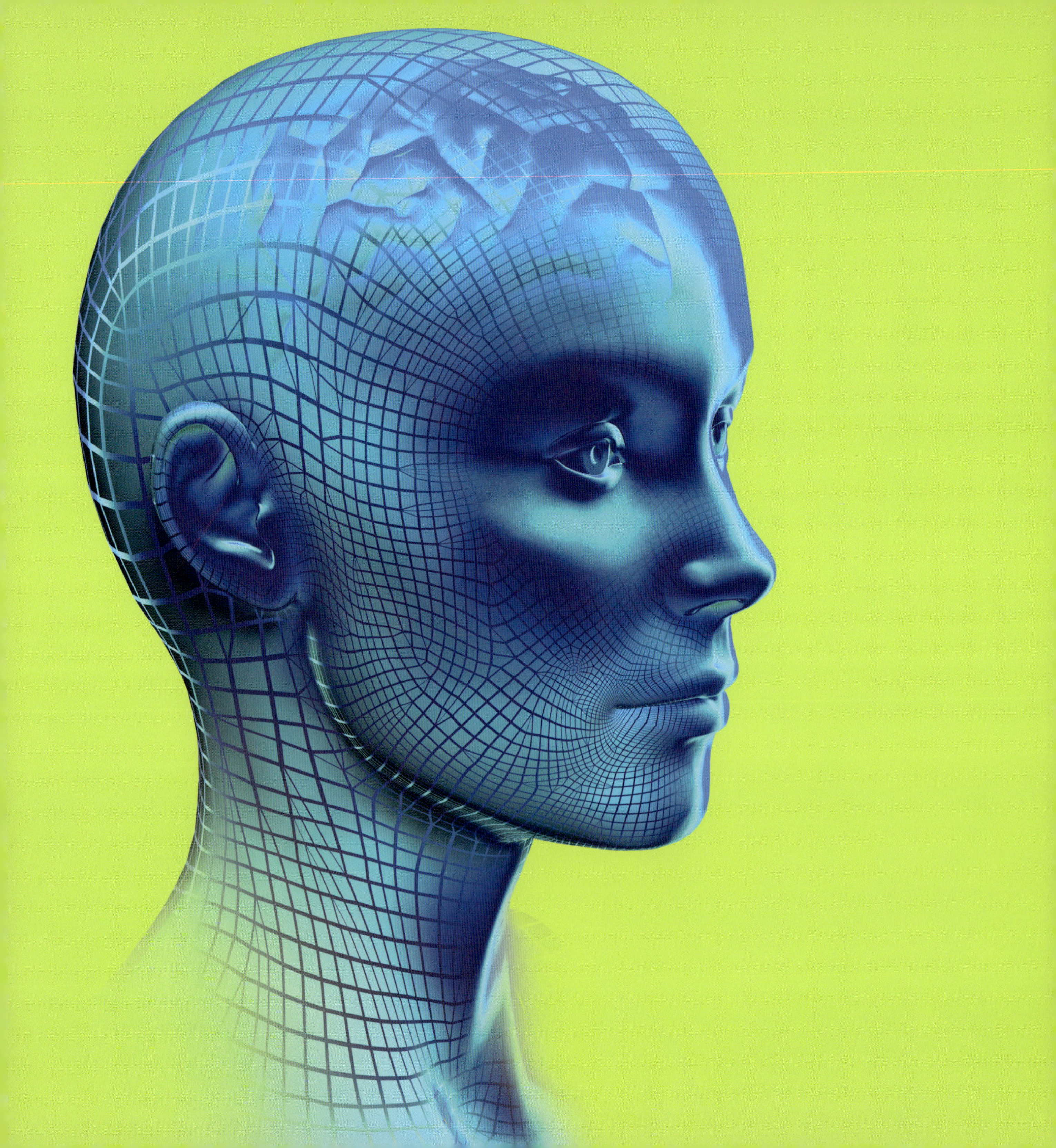

PARTE 2

TRAÇOS OBJETIVOS

O QUE SÃO TRAÇOS OBJETIVOS?

A personalidade pode ser classificada e mensurada de muitas maneiras diferentes – existem praticamente tantas teorias quanto psicólogos! Uma maneira conhecida de decompor a personalidade em partes mensuráveis é dividi-la em "traços", características individuais que todos possuímos em maior ou menor grau. Fazemos isso normalmente quando dizemos que alguém é "atencioso", "direto" ou "seguro". Em uma escala de "muito franco" a "muito discreto", podemos classificar bem facilmente todo mundo que conhecemos (incluindo a nós mesmos), embora os psicólogos procurariam mais provas do que apenas uma opinião! O importante a lembrar é que todos possuímos traços em quantidades variáveis, os quais em parte fazem da personalidade um caleidoscópio de permutações e possibilidades. Ninguém é igual a ninguém.

Os elementos da personalidade que influenciam as relações com as outras pessoas são de grande interesse para as empresas para a seleção, recrutamento e aprimoramento do pessoal. A imensa maioria de cargos requer habilidades pessoais definidas; por exemplo, algumas funções envolvem contatos com os clientes e as pessoas para esses cargos são normalmente recrutadas com um cuidado especial porque irão representar a empresa no mundo exterior. Outros cargos podem girar em torno do trabalho com computadores, oferecendo menos oportunidades para as relações sociais, e seriam indicados mais para pessoas reservadas do que para as mais gregárias.

Um aspecto importante da avaliação da personalidade é que os empregadores normalmente têm uma boa idéia do perfil de personalidade que atende à especificação do cargo. Se você não consegue um emprego ou uma promoção, pode ser que lhe tenham feito um favor a longo prazo se as relações cotidianas do cargo se chocam com o seu estilo de personalidade.

Alguns dos mais conhecidos testes de personalidade do mundo baseiam-se nos traços objetivos, ou incluem medidas deles no questionário. Um desses testes é o questionário OPQ®, desenvolvido pelos editores do teste psicométrico SHL para atender diretamente à necessidade de um teste de personalidade voltado para os ambientes

INTRODUÇÃO

profissionais. O OPQ® avalia 32 traços, divididos em três categorias, uma das quais é "Relacionamentos com as Pessoas". As pessoas submetidas ao teste se classificam de 1 a 5 em relação a diversas afirmações, tais como "Gosto de conversar com pessoas desconhecidas". Cada traço está relacionado a diversas afirmações, de modo que, quando você conclui o questionário, forma-se um quadro geral do seu perfil.

Este capítulo contém testes para medir os seus traços objetivos, que dizem respeito a como você reage ao que acontece externamente e às pessoas, como você se relaciona e se comporta na companhia dos outros. Procure ler com atenção todas as instruções dos testes, mas não gaste muito tempo pensando na resposta ou na resposta correta – a primeira coisa que lhe vier à mente normalmente é o que melhor reflete quem você é.

Você pode se perguntar se está fazendo o teste para se conhecer melhor ou como preparação para um trabalho. Muitas pessoas pensam e agem de maneira diferente em casa do que no trabalho; em geral, a pessoa que somos "em casa" é o nosso eu verdadeiro, e a pessoa que representamos "no trabalho" reflete a maneira como gostaríamos que nos vissem. Você pode ser uma pessoa muito presunçosa no trabalho, preocupada em subir na hierarquia e interessada em fazer com que todos saibam dos seus bons resultados, mas ao mesmo tempo ser uma pessoa modesta na vida privada, desinteressada de exibir uma posição social e relutante em falar sobre si mesmo.

Ao conhecer os seus traços objetivos você entenderá mais sobre como se relaciona com os outros e como se comunica com os colegas, amigos, familiares, companheiros de profissão e parceiros. Você é uma pessoa popular?

Atenção: Este capítulo contém testes de personalidade simplificados baseados na teoria dos traços de personalidade. Não é um substituto do questionário OPQ® completo ou de quaisquer outros testes de personalidade profissionais, e os resultados não pretendem ser psicométricos ou práticos, nem equivalentes aos resultados do questionário OPQ®.

TRAÇOS OBJETIVOS
VOCÊ SE EXPRESSA BEM?

Pense em uma orquestra, com os seus muitos instrumentos. Esses instrumentos atuam em conjunto para produzir um som harmonioso. Alguns ocupam a posição central do palco, como um instrumento solo em um concerto, ou o primeiro violino, que muitas vezes executa a melodia em uma peça musical. Outros, como o contrabaixo ou os instrumentos de percussão, têm um papel fundamental mas de apoio. As suas notas intensificam e enriquecem a música, mas estão geralmente no fundo.

Todos temos traços que refletem as nossas preferências emocionais e comportamentais com que nascemos, embora algumas pessoas se esforcem muito para mudar ou

TESTE A SUA CAPACIDADE DE EXPRESSÃO

Imagine esta cena ou a represente para si mesmo.

Você está fazendo uma refeição com amigos em um restaurante do bairro e os pratos servidos estão abaixo da expectativa – as porções são pequenas, mal preparadas, e os pratos chegaram em momentos diferentes. Todos criticaram em voz baixa e até riram do problema. O que você faria, se é que faria alguma coisa?

Escolha a resposta que melhor expressa a sua personalidade natural:

a) Chamaria o garçom para reclamar em nome do grupo; não quer que uma refeição ruim estrague a ocasião.
b) Diz "sim" quando o garçom vem perguntar se está tudo em ordem – não quer estragar o momento com os amigos.
c) Quando o garçom aparece para perguntar se está tudo em ordem, você diz que não está ótimo mas que vai comer assim mesmo.

mascarar a própria personalidade. Um traço que as pessoas normalmente procuram adquirir, caso não tenham nascido com ele, é a capacidade de expressão. Isso acontece porque viver permanentemente em segundo plano pode ser insatisfatório. Assim como há peças musicais escritas para solo de percussão, a timidez extrema em ambientes sociais pode ser desgastante. As pessoas francas expressam as suas opiniões sem dificuldades porque acreditam no seu direito de fazê-lo. Não se sentem incomodadas em discordar das outras pessoas e estão preparadas para criticar os outros se a crítica se justificar. A essência da sua atitude nos relacionamentos é que nada é pessoal. Mas podem ser consideradas petulantes, insensíveis e diretas demais pelas outras pessoas.

As pessoas caladas, como regra geral, não falam. Tendem a achar difícil dizer "não" ou a se queixar porque tem uma certa ansiedade em relação aos sentimentos e reações das outras pessoas, e não querem atrair as atenções para si.

Existem até alguns ambientes de trabalho em que a discordância e franqueza são consideradas abertamente com reservas; nas forças armadas, por exemplo, o ato de responder é considerado uma ofensa à disciplina.

No entanto, as pessoas que guardam tudo dentro de si acabam explodindo de repente num acesso de raiva, quando o pensamento ou sentimento original persiste.

CLASSIFICAÇÃO/INTERPRETAÇÃO

Se você escolheu (a) – você é um tipo franco.
Se você escolheu (b) – você é um tipo calado.
Se você escolheu (c) – você é prudente.

Se você é um tipo franco, fala o que pensa e espera que os outros façam o mesmo. Gosta de brincar com as palavras e considera as discordâncias como uma saudável e direta expressão de pontos de vista – nada mais. O lado bom de ser franco é que você tem menos probabilidade de ser explorado pelos colegas ou de ser espezinhado pelo seu parceiro. O lado menos positivo é que você pode aborrecer as pessoas com a franqueza. A franqueza tem uma tendência a se transformar em agressão, ou ser percebida como tal de qualquer maneira, portanto, pense nos direitos e sentimentos das outras pessoas, mesmo que elas não falem a respeito.

Se você é um tipo calado, guarda as suas opiniões para si, a menos que lhe perguntem, e mesmo então toma cuidado na maneira como as expressa. Você é um amigo e colega discreto e provavelmente confiam a você informações delicadas e fofocas. No entanto, o seu ponto fraco é que você acha difícil dizer "não". As pessoas caladas costumam dialogar consigo mesmas interiormente sobre como resolver um conflito que estejam vivendo; mas ainda assim, a sua boca diz "sim", mesmo que a cabeça diga "não". Use o seu charme, o bom humor ou até mesmo a manipulação consciente para obter o que você quer sem precisar se comportar de uma maneira que contrarie a sua personalidade.

Se você é prudente, conhece o seu lugar na escala entre franco e calado. Na extremidade dos calados, estão aqueles que falam de si mas sem muito empenho. Na extremidade dos francos estão os tipos mais assertivos, que sabem se defender quando necessário, mas que consideram os sentimentos e motivações das outras pessoas. Em geral, a postura assertiva diante de uma situação encontra as melhores soluções de todas e as mais duradouras.

TRAÇOS OBJETIVOS
VOCÊ CONSEGUE MUDAR A OPINIÃO DOS OUTROS?

Todas as grandes empresas empregam profissionais de relações públicas (ou RP) para apresentar as informações da empresa do melhor ângulo possível. Os partidos políticos indicam "gurus publicitários" para controlar a maneira como é transmitida a sua mensagem ao público e até mesmo para desacreditar a oposição aos olhos do eleitorado. É amplamente aceito que a mídia, especialmente a TV e os jornais, são capazes de definir as eleições de pessoas ou partidos políticos. O poder e o sucesso comercial são decididos em última análise pelo público em geral, assim as organizações desenvolveram técnicas especializadas para tentar mudar as nossas opiniões.

Em menor escala, mudar a opinião é como vender – um produto, um serviço, uma conduta ou até você mesmo. As pessoas persuasivas gostam de vender e mudar a opinião dos outros. São boas negociadoras, sabem apresentar argumentos convincentes e conduzir as coisas a seu favor. Gostam de influenciar o resultado de discussões e persuadir os outros dos seus pontos de vista. Sem dúvida nenhuma elas usam essa habilidade no trabalho ou nas relações com a comunidade. Se você alguma vez foi convencido a colaborar em alguma coisa, a causa foi uma pessoa persuasiva!

Os tipos não influenciadores não gostam de vender ou persuadir os outros dos seus pontos de vista – ficam satisfeitos com as suas próprias opiniões e pontos de vista e não sentem necessidade de mudar a opinião dos outros. Acham difícil influenciar o resultado de discussões e tendem a não querer se envolver em situações que requeram o uso da diplomacia. São pessoas francas e diretas, que preferem dizer o que pensam e o que querem a usar meios "escusos".

TESTE A SUA CAPACIDADE DE PERSUASÃO

O jogo de tabuleiro clássico, Monopólio, foi criado por Charles Darrow durante a Grande Depressão. Para atribuir os nomes, ele denominou os quarteirões no tabuleiro em homenagem ao seu local de veraneio favorito, Atlantic City. Ele fez à mão as casas e hotéis de madeira, escreveu à mão os títulos das tarefas e das cartas, e para as peças de jogar usou pingentes de um bracelete da esposa. A empresa Parkers Brothers comprou o jogo em 1935 e logo no primeiro ano Monopólio tornou-se o jogo mais vendido dos Estados Unidos.

A exemplo dos jogos de tabuleiro, os jogadores de Monopólio escolhem a sua peça de jogo favorita – a cartola, o cão, o

Se você é um tipo persuasivo, gosta de se comunicar com as pessoas em situações controversas e consegue até ser elogiado pelos resultados que obtém a seu favor. Você provavelmente é uma pessoa assertiva, controladora e socialmente segura, que não se intimida facilmente. Tem uma noção clara do que quer e onde quer chegar. O perigo no seu caso é que os outros, especialmente os tipos não influenciadores, podem não confiar ou acreditar em você ou no que você diz. Procure negociar com jeito e adaptar o seu estilo e a sua postura quando for preciso.

Se você é um tipo não influenciador, tende a evitar confrontos e acha que é melhor guardar as suas opiniões para si mesmo a menos que alguém peça que as expresse. Você provavelmente é uma pessoa calada e introvertida. O lado ruim é que você se torne preso e restrito às suas próprias idéias. Também pode ficar insatisfeito ou sentir-se desprestigiado pela sua relutância em entabular um diálogo que possa resultar em controvérsia ou algo mais desagradável. Experimente começar a negociar participando de discussões que não requeiram um envolvimento emocional – assim você pode relaxar e aproveitar o debate.

Se você é sincero e escolheu c no teste, então se orgulha da sua franqueza, porque acha que o melhor é ser honesto e direto em relação ao que quer. Cuide para que a sua atitude sincera não ofenda as pessoas mais sensíveis do que você. Se escolheu d no teste, você tem as habilidades de um negociador, só que precisa afiá-las, ou talvez precise de um pouco mais de confiança para avançar na discussão. Cultive a sua confiança propondo-se pequenos objetivos que possa realizar.

---

navio, o carro, o ferro de passar ou a bota – e podem até achar que ela dá sorte. Imagine que você esteja jogando Monopólio com os amigos e a sua peça de jogo absolutamente favorita é escolhida por outro jogador.

Qual das ações seguintes reflete mais precisamente o que você faria?
a) Faria um acordo que lhe permitisse ter a peça que você quer.
b) Não diria nada e escolheria outra peça.
c) Perguntaria à pessoa se poderia ficar com ela.
d) Tentaria persuadir o outro jogador a trocar, mas provavelmente não conseguiria.

CLASSIFICAÇÃO/INTERPRETAÇÃO

Se você escolheu (a) – você é um tipo persuasivo.
Se você escolheu (b) – você é um tipo não influenciador.
Se você escolheu (c) ou (d) – você é sincero.

TRAÇOS OBJETIVOS
VOCÊ ASSUME O CONTROLE?

Existem determinadas situações que praticamente imploram para que alguém assuma o controle – um acidente de trânsito, a cena de um crime, uma expedição em grupo – situações em que alguém deve exercer um certo controle para que se preserve a segurança. Há situações na vida diária também em que precisamos assumir o controle da nossa vida – ao mudar de casa, trocar de emprego ou educar os filhos.

Os tipos controladores gostam efetivamente de assumir o controle e procuram áreas fora da sua vida privada em que possam dar a sua contribuição dessa maneira. Gostam de tomar decisões em nome de um grupo, apresentar sugestões, oferecer-se para tarefas e dar instruções aos outros. Como resultado da sua aura "responsável", os outros os procuram quando é preciso encontrar uma solução. Eles são líderes natos, e dão excelentes administradores e líderes de equipe.

Os tipos submissos contribuem menos para as atividades de grupo e relutam em apresentar sugestões

TESTE O SEU GRAU DE SUBMISSÃO

As Órcades são um arquipélago de remotas ilhotas no norte da Escócia. Uma conhecida história folclórica das ilhas intitula-se "The Sea Mither" (A Mãe do Mar).

Essa lenda antiga representa a chegada da maré de verão, garantindo a vida, aquecendo o oceano e acalmando as tempestades sobre as Órcades. A Mãe do Mar tinha um rival poderoso e hostil, chamado Teran, o espírito do inverno. A cada primavera, a Mãe do Mar e Teran travavam uma batalha pelo controle do mar, das tempestades e dos mares bravios. A Mãe do Mar sempre triunfava nessa batalha, após o que o seu reino benigno recomeçava, sossegando o mar. No entanto, à medida que o inverno se aproximava, Teran ia se fortalecendo e se libertava, e a Mãe do Mar, exausta pelo trabalho de todo o verão, era banida. Teran reinava absoluto nos meses de inverno, sujeitando todos os seres vivos às suas leis demoníacas e tirânicas. Mas quando a primavera chegava, a Mãe do Mar se preparava quando é preciso tomar uma decisão. Detestam assumir a liderança de grupos e nunca se apresentam para esse papel, que os deixa muito pouco à vontade. Preferem não organizar o trabalho das outras pessoas e tendem a olhar para os outros quando é preciso tomar uma decisão. Podem se tornar ótimos integrantes de equipes, porque darão apoio ao líder da equipe sinceramente.

> CLASSIFICAÇÃO/INTERPRETAÇÃO
>
> **Se você é como a Mãe do Mar e Teran**, é do tipo controlador.
> **Se você é como o mar**, é do tipo submisso.
> **Se você pode se ver tanto como controlador como controlado**, é uma pessoa razoável.

para a nova batalha e, revigorada e invencível, ressurgia vitoriosa no verão.

Essas duas forças, a Mãe do Mar e Teran, são personificações dos lados bom e mau do desejo de controlar. Você vê em si mesmo alguns elementos desses dois? Ou talvez você seja mais como o mar, o objeto do controle, submisso a uma liderança.

Se você é do tipo controlador, faz o possível para dirigir, controlar e organizar os outros. Talvez seja do tipo que incentiva reuniões familiares ou se envolve em iniciativas para levantar fundos na escola ou no bairro, ou se candidata a um cargo envolvendo a gerência do trabalho de equipes. A Mãe do Mar demonstra os aspectos benéficos de controlar os outros, enquanto Teran mostra como a influência controladora pode ser destrutiva, além de desprezada e odiada por aqueles que o controlador tenta dominar. O comportamento "Teran" é o seu maior perigo.

Se você é do tipo submisso, não gosta de assumir a liderança ou ter de orientar os outros. Se tende a ser extrovertido, gosta de trabalhar com as pessoas, mas prefere a camaradagem da equipe a gerenciá-la. Se tende para a introversão, provavelmente o consideram uma pessoa calada e reservada, que é agradável e condescendente. Em ambos os casos, não deve sentir-se pressionado a assumir uma função de poder, ou assumir tarefas com a qual não se sente à vontade; por outro lado, pense bem se é feliz exercendo tão pouca influência.

Se você é razoável, é provável que você se divida em relação ao controle. Talvez busque o controle em casa ou no trabalho, mas não nos dois ao mesmo tempo. É possível que exerça o controle da sua equipe de trabalho, mas obedece com presteza os gerentes superiores. O que importa é que o seu talento para o controle seja usado de alguma forma, porque você se sentiria frustrado se isso não acontecesse.

TRAÇOS OBJETIVOS
VOCÊ TEM OPINIÕES FIRMES?

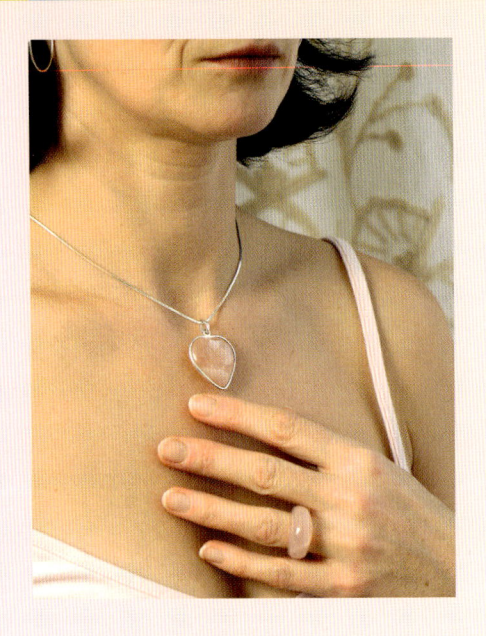

A liberdade de expressão é um conceito fundamental na democracia. A crítica da opinião pública ao governo, o qual, afinal de contas, é eleito pelo povo para o povo, resulta em um constante debate político. A livre expressão também permite que os cidadãos levantem questões que tenham sido esquecidas ou ignoradas pelo governo ou a população; existem muitos exemplos da atuação de grupos de pressão sobre a consciência pública em relação a um assunto, conseguindo alterar uma política ou uma lei.

As pessoas independentes se manifestam mesmo que os seus pontos de vista sejam impopulares e deixam claro quando discordam do grupo. Elas estão preparadas para seguir sozinhas caso os outros discordem e têm suficiente força de caráter para não se importar com o que os outros pensam – quando acreditam que algo está errado, sentem-se na obrigação de se pronunciar, apesar das conseqüências. Gostam de agir por conta própria e sentem-se sufocadas por um excesso de laços ou restrições às suas iniciativas. São excelentes em funções que lhes dão liberdade para determinar o próprio trabalho como em empreendimentos de qualquer espécie, no jornalismo investigativo ou no *lobby* político.

TESTE O SEU GRAU DE INDEPENDÊNCIA

As pedras preciosas são tradicionalmente valorizadas não só pela sua beleza material mas também pelos seus atributos emocionais especiais e traços de personalidade a que são associadas. Observe as imagens de cada pedra. Qual destas gemas lhe atrai mais?

CORNALINA

PERIDOTO

QUARTZO ROSA

INDEPENDÊNCIA | 75

Os tipos dependentes situam-se na extremidade oposta do espectro. São menos inclinados a agir sozinhos e preferem fazer parte de um grupo. Tendem a seguir as decisões do grupo mesmo que sejam diferentes das suas. Não defendem até o fim as suas opiniões e até evitam expressá-las caso possam prejudicar a harmonia. Essa condescendência aparente significa que são muito maleáveis como funcionários ou seguidores fiéis. No entanto, é difícil conseguir uma opinião sincera dessas pessoas, principalmente se contrastar com a sua!

CLASSIFICAÇÃO/INTERPRETAÇÃO

Cornalina: associada à confiança e à energia, repele a negatividade e encoraja o despertar de talentos ocultos, a satisfação dos sonhos, expressar as próprias opiniões e sair pelo mundo. Se você se identificou com a cornalina, então é do tipo independente.

Peridoto: associado à solução de problemas e cura da mente, ajuda o entendimento das coisas e comportamentos que podem atrasar a vida. Essa pedra agrada as pessoas que precisam de apoio para se impor – identificar as próprias necessidades e expressar-se de acordo. Assim, se o peridoto foi a sua escolha, você é uma pessoa ponderada.

Quartzo rosa: uma importante pedra do amor, é associado à atração pessoal e relacionamentos, unindo grupos de amigos que se protegem da solidão e oferecem em troca amor e apoio mútuo. Se você se identificou com o quartzo rosa, você é dependente.

Se você é do tipo independente, tem opiniões próprias sobre as coisas e é capaz de defender a sua posição, os seus direitos e as suas crenças. Gosta de se sentir livre para fazer o que quiser, gosta de satisfazer os próprios interesses, fazendo as suas normas, sendo uma pessoa voluntariosa e individualista. Gosta de estar no controle e confia em si mesmo, não se importando muito com o que as pessoas pensam a seu respeito. No entanto, pode ser rude com os outros na busca dos seus ideais, portanto observe a reação das pessoas aos seus comentários para ver se não causou incômodo ou despertou rancor.

Se você é do tipo dependente, valoriza o relacionamento social e a segurança, e reluta em fazer críticas desestabilizadoras, abrindo mão das próprias necessidades e desejos em favor dos outros. Gosta de trabalhar com restrições e normas e, na verdade, acha melhor assim, tem certeza da sua posição. Age democraticamente no trabalho e na vida, e acredita que há momentos em que é melhor não dizer nada. O perigo é que possa se arrepender mais tarde por não ter falado, por razões morais ou pessoais, portanto procure manter silêncio por razões táticas e não por falta de confiança.

Se você é uma pessoa ponderada, provavelmente sente-se bem à vontade para expressar as suas opiniões e usa o seu julgamento para determinar quando falar e quando calar. Avalie por um momento as situações recentes em que se pronunciou ou preferiu calar. Será que foi sensato? Agiria do mesmo modo se tivesse outra oportunidade?

TRAÇOS OBJETIVOS
VOCÊ ADORA BRINCADEIRAS?

Você conhece alguém que adore piadas, pregar peças nas pessoas e animar uma festa? Se conhece, essa pessoa é um verdadeiro tipo gregário. Essas pessoas são extrovertidas, entusiasmadas e despreocupadas. Vivem plenamente o momento e gostam de distrair e agradar as pessoas, acreditando serem joviais. As pessoas gregárias são uma ótima companhia, embora a sua maneira de viver possa parecer superficial – tudo é motivo de piada para elas, poucas coisas são sagradas ou inatingíveis como inspiração para o seu gênio. Isso pode parecer futilidade se você não estiver com disposição para rir, ou poderá considerar os comentários delas grosseiros ou ofensivos.

No outro extremo da escala estão as pessoas sérias que conhecemos. Elas são mais inibidas e reservadas. Sentem-se incomodadas quando estão na berlinda e são menos espontâneas e falantes. Levam a sério as pessoas e os acontecimentos, considerando que rir das coisas denigre a sua imagem. Um

DUENDE, GNOMO OU ELFO?

Todos os países e culturas têm histórias no seu folclore que se inspiram em seres míticos – criaturas que não são nem humanas nem uma espécie animal conhecida. Esses seres apresentam traços de personalidade peculiares. Podem ser perversos ou francamente perigosos, uma vez que os mitos eram usados como uma maneira de transmitir os valores e comportamentos desejáveis às crianças; outros são benignos ou apenas travessos.

O duende, por exemplo, de origem céltica, é um personagem de contos de fadas que costuma ser sapateiro. Normalmente aparece vestido de verde com um avental de couro e sapatos com fivela prateada. A mitologia dos gnomos se originou na Europa, sobre criaturas que vivem na floresta, onde coletam o seu alimento e vivem em cavernas subterrâneas ou nas árvores. As histórias dos elfos têm origem no norte da Europa, numa referência aos elfos da Lapônia que ajudam o Papai Noel a preparar o Natal.

Qual deles é você? Um duende, um gnomo ou um elfo?

SOCIABILIDADE | 77

aspecto negativo é que essas pessoas podem ser interpretadas como obtusas e aborrecidas – nunca tiram a "máscara", mesmo em uma situação informal, como numa festa da empresa. Elas se embaraçam facilmente e nunca saem do sério. Assim são difíceis de entender, embora a sua amizade, quando conquistada, possa ser compensadora e agradável.

CLASSIFICAÇÃO/INTERPRETAÇÃO

Duendes adoram pregar peças e são famosos pela sua natureza brincalhona e travessa. Se você capturar um duende, o que é difícil, ele poderá lhe revelar a localização de um tesouro escondido. Mas se você tirar os olhos de cima dele por até mesmo um segundo, ele irá desaparecer. Se você gosta de duendes brincalhões e travessos, então é do tipo gregário.

Gnomos vivem muito tempo, cerca de 250 anos, e são conhecidos pela sua sabedoria. Evitam conflitos sempre que possível, porque são seres bondosos e pacíficos, ajudando a resolver desentendimentos. Gostam muito da vida doméstica, cochilando junto à lareira. Se você se parece com os amáveis e recolhidos gnomos, então é do tipo sério.

Elfos são geralmente considerados pacientes, calmos e pacíficos por natureza, e ao contrário de outros seres míticos são solícitos e cooperam com os seres humanos de boa vontade. Respeitam todos os seres vivos e inspiram o respeito e a convivência com a natureza. Também podem ser brincalhões e gostam de levar uma vida divertida. Se você é como os elfos, então é amigável.

Se você é do tipo gregário, tem o dom de animar e alegrar as pessoas, sendo uma companhia divertida. O seu entusiasmo pela vida é contagiante, e se daria bem trabalhando no setor de entretenimento, ou em vendas, pois convive bem com as pessoas e elas se sentem bem na sua companhia. Precisa, contudo, tomar cuidado ao avaliar as situações para não fazer uma piada no momento errado. Ao conversar com os outros, procure perceber o humor das pessoas, antes de fazer um comentário irônico em vez de evitá-lo.

Se você é mais sério, então prefere passar o tempo conhecendo as pessoas antes de fazer uma piada ou mexer com elas. Você pode adorar as festas e reuniões sociais, mas mais como espectador do que como um participante ativo. Você se daria bem em trabalhos onde não convém fazer piadas, como nas profissões de assistência. No entanto, você precisa relaxar com as pessoas para que elas sintam que as aprecia e quer ficar com elas, o que é imprescindível para fazer novas amizades. Não se esqueça de sorrir, ser mais descontraído e participar das conversas nas reuniões – emanando, assim, vibrações amigáveis.

Se você é amigável, provavelmente tende para uma extremidade do espectro. Talvez seja realmente uma pessoa séria, mas se esforça para se animar e ser mais sociável. Ou então, pode ser naturalmente sociável, mas se refreia quando não está de bom humor. Saber dosar a sua sociabilidade de acordo com as circunstâncias é uma habilidade social sofisticada.

TRAÇOS OBJETIVOS
VOCÊ GOSTA DE COMPANHIA?

No passado, era comum na aristocracia uma mulher solteirona ou viúva ter uma "dama de companhia" – outra mulher paga para acompanhá-la em viagens ou passeios, oferecendo-lhe companhia e companheirismo. Uma dama de companhia era normalmente uma mulher instruída, em geral solteira e precisando de um salário, mas em uma função que lhe desse em troca uma certa posição social.

Hoje em dia, também damos muito valor à amizade, especialmente porque a família está mais dispersa. As pessoas interessadas em amizade são sociáveis, mantêm um grande círculo de amizades e gostam de participar de grupos. Preferem as atividades em conjunto com outras pessoas, em vez de sair sozinhas, e procuram companhia sempre que podem. Compartilham sentimentos, acontecimentos e detalhes sobre a própria vida com os amigos e tendem a estabelecer fortes vínculos com as pessoas.

Por outro lado, as pessoas arredias gostam da própria companhia e tendem a ter um círculo de amizades menor,

TESTE O SEU COMPANHEIRISMO

O conceito de companheirismo encontra eco na natureza. Existe uma ampla variedade de comportamento social entre os pássaros – algumas espécies formam pares para a vida inteira, outras apenas se acasalam com um companheiro. Alguns pássaros vivem juntos em grupos, outros levam uma existência solitária.

Observe estas duas araras. Você acha que são solitárias ou companheiras? Estão apenas se observando ou estão se comunicando por meio da linguagem corporal e do canto? Se você fosse um desses pássaros, buscaria a companhia do outro?

ASSOCIATIVIDADE

muito embora essas possam ser mais profundas e seguras. Eles se consideram solitários e encontram prazer em passar o tempo sozinhos, considerando esse isolamento uma terapia para recarregar as próprias baterias. Costumam ter passatempos que possam praticar de maneira independente e trabalhos que lhes permitam passar um tempo longe dos colegas.

Se você é do tipo sociável, adora ficar com os amigos e ter companhia. Estabelece relacionamentos como louco e tem um grande número de amizades, seja no trabalho, seja na vida particular. Você é a pessoa que organiza reuniões, encontros familiares e eventos sociais, e espera estar no centro dos acontecimentos. Você se sai otimamente bem no ambiente empresarial, onde as relações profissionais podem levar a novos negócios ou avanços na carreira, ou num ambiente que valoriza as relações humanas, onde pode utilizar uma vasta gama dos seus contatos especializados. No entanto, pode ter dificuldade de ser produtivo ou ficar motivado se estiver sozinho. Experimente ir ao cinema ou a um restaurante sozinho; leia um livro ou algumas revistas e veja se a experiência lhe agrada.

Se você é arredio, gosta da paz e da solidão de passar um tempo consigo mesmo. A idéia de se associar a qualquer coisa – um clube ou associação – deixa-o pouco à vontade, a menos que precise se expor o mínimo possível. Não tem vontade de manter-se em contato com velhos amigos, embora se alguém estiver organizando alguma coisa, você pode participar. Você se daria bem num trabalho em que tenha espaço psicológico e físico para trabalhar sozinho, e não precise contar muito com as pessoas. No entanto, você precisa se assegurar de que o seu comportamento social não se torne rude pela falta de contato regular com os outros. Experimente ter isso como objetivo, bater papo com alguém durante o café uma vez por dia ou telefonar para um amigo que não veja há tempos.

Se você é amigável, provavelmente equilibra as duas necessidades em si mesmo – ficar com as pessoas para não se sentir sozinho e ficar sozinho para ter um pouco de paz e sossego. Você é uma boa companhia e bem requisitado socialmente porque não quer roubar a cena. O seu desafio é se assegurar que encontrará tempo para si mesmo para ficar sozinho se precisar e cuidar para não ser o centro das atenções quando se sentir especialmente sociável.

CLASSIFICAÇÃO/INTERPRETAÇÃO

Se você acha que os pássaros são companheiros, então é do tipo sociável.
Se você acha que estão temporariamente compartilhando o mesmo lugar, então você é do tipo arredio.
Se você não acha nem uma coisa nem outra, então é do tipo agradável.

TRAÇOS OBJETIVOS
VOCÊ FICA À VONTADE COM ESTRANHOS?

Houve um tempo em que os estranhos eram bem-vindos, como uma fonte de interesse ou de novidades, em um tempo em que as comunicações eram lentas e as pessoas viajavam menos e a distâncias menores. Hoje em dia, vemos as notícias na televisão e nos jornais, e dizer "como vai" a todo o mundo que você encontra simplesmente é inviável.

Algumas pessoas instintivamente sentem-se à vontade em conhecer pessoas novas, considerando uma oportunidade para aprender algo novo e estabelecer novas relações. Essas pessoas socialmente seguras sabem como deixar os outros à vontade e têm facilidade de pensar em assuntos que alimentem uma conversa amigável e animada. Elas são seguras com pessoas desconhecidas. Algumas vezes você foi alvo da ajuda ou da delicadeza de um estranho? Aquela pessoa com certeza era socialmente segura, sentindo-se à vontade com estranhos.

Na verdade, existem sérias razões para sentir-se pouco à vontade na companhia de estranhos. Você não sabe se pode confiar na pessoa; não sabe nada sobre ela, nem sobre os valores e os antecedentes dela. No entanto, as pessoas socialmente hesitantes se afastam de estranhos em qualquer situação, mesmo numa situação "segura". Elas ficam tensas diante de desconhecidos, sem saber o que dizer ou sobre o que conversar. Só ficam à vontade quando conheçam bem as pessoas, como entre amigos próximos e familiares, com quem são descontraídas e uma boa companhia.

TESTE A SUA SOCIABILIDADE

Você está na casa de um amigo para jantar e soa a campainha. O seu amigo atende à porta e lhe apresenta um colega de trabalho que passou para pegar alguns documentos a caminho de casa. O seu amigo pede licença para ver se está tudo em ordem na cozinha.

Você considera a situação como a) uma oportunidade para conhecer uma nova pessoa ou b) embaraçosa.

Você a) toma a palavra ou b) espera que o outro fale.

Você saberia pensar em cinco assuntos para conversar? a) sim, b) não.

Você poderia representar a situação com um amigo para testar as suas respostas.

1. Como você se sente quando o seu amigo sai da sala?
a) Em pânico.
b) Pouco à vontade.
c) Relaxado.

CONFIANÇA SOCIAL | **81**

CLASSIFICAÇÃO/INTERPRETAÇÃO

Se você escolheu respostas "c", então é do tipo socialmente seguro.
Se você escolheu respostas "a", então é do tipo socialmente hesitante.
Se você escolheu respostas "b", então é do tipo socialmente satisfatório.

2. O que você pensaria?
a) "Que pesadelo!"
b) "Preciso pensar em algo para dizer!"
c) Não penso em nada... simplesmente começo a falar.

3. Você seria capaz de manter uma conversa de cinco minutos com esse estranho?
a) Não, de maneira nenhuma.
b) Provavelmente.
c) Sim, sem problema.

4. O que você faria quando o seu amigo retornasse da cozinha?
a) Deixaria que ele retomasse o controle da conversa.
b) Pediria desculpas, afastando-se para que os dois pudessem conversar sobre o trabalho.
c) Explicaria o assunto da conversa e o convidaria a participar.

Se você é socialmente seguro, se dá bem com as pessoas e gosta de deixá-las à vontade e extrair o que elas têm de melhor a oferecer. Você será um anfitrião apreciado em festas ou eventos sociais porque se relaciona bem. Será um ótimo profissional em cargos que envolvam o tratamento com o público, como jornalismo ou vendas no varejo. O perigo é que falar com estranhos pode ser mais fácil do que com os amigos próximos ou o seu parceiro – com eles, não há problemas emocionais difíceis nem uma "bagagem" do relacionamento. Veja se não está negligenciando os seus relacionamentos íntimos ou evitando a intimidade.

Se você é socialmente hesitante, provavelmente acha difícil conversar e sente-se inseguro em reuniões ou encontros em que não conhece as pessoas. O seu maior pesadelo seria fazer uma palestra ou apresentação na frente de uma sala cheia de estranhos – preferiria muito mais estar entre rostos familiares e uma atmosfera nada ameaçadora. Você gostaria de um trabalho em que participasse de uma equipe, no qual poderia conhecer bem as pessoas. No entanto, pode estar se furtando de novas experiências e amizades, o que limita as suas oportunidades de crescimento pessoal. Experimente participar de reuniões sociais com um amigo mais seguro e entrar nas conversas – é mais fácil do que iniciar um diálogo do nada.

Se você é socialmente satisfatório, pode achar algumas situações mais fáceis do que outras, ou pode se sentir socialmente seguro num dia e tímido no outro, dependendo do seu humor. Muitas pessoas assumem uma postura segura no trabalho, mas acham isso extenuante quando vai contra a sua personalidade. Se a pressão se tornar muito desgastante, pense em mudar de emprego para algo que reflita melhor as suas características natas.

QUAL É O SEU NÚMERO?

Você provavelmente já ouviu falar da numerologia, mas o que vem a ser isso? A numerologia é uma técnica que ajuda as pessoas a se conhecerem melhor e cuja origem remonta a muitos séculos atrás. Pitágoras, o matemático grego que viveu entre 569-470 a.C. é considerado o pai ou criador do que hoje chamamos de numerologia.

A numerologia é o estudo dos números e da maneira pela qual eles refletem determinadas tendências de inteligência e caráter. A idéia básica é que o que nós somos é influenciado até certo ponto pelos números da nossa vida. Esses números são dados pelo nosso nome de nascimento (cada letra tem um valor numérico que é somado) e a soma dos números da nossa data de nascimento. Acredita-se que esses números revelem uma porção de coisas sobre o nosso caráter, o sentido que damos à vida, as nossas motivações e aptidões.

No total, são onze os números usados na construção das tabelas de numerologia. Esses números são 1, 2, 3, 4, 5, 6, 7, 8, 9, 11 e 22. Cada um desses números representa diferentes características e expressões. Os números maiores que esses que resultam da adição dos números da data de nascimento completa ou dos valores vinculados a cada nome são reduzidos pela soma dos seus algarismos até que a soma chegue a um dos números considerados. Basta somar os componentes do número maior (repetindo a soma quantas vezes forem necessárias) até chegar a um resultado simples. Por exemplo, o ano de 1968 torna-se 1+9+6+8, que é igual a 24, e este por sua vez resulta em 2+4, igual a 6.

Os "números mestres" 11 e 22 são apenas exceções à regra de reduzir a um único algarismo; se o resultado da soma der 11 ou 22, você pára por aí. Os números mestres sugerem um grande potencial para o aprendizado e as realizações. Eles são versões intensificadas do algarismo simples que substituem (2 por 11 e 4 por 22).

Calculando os números que interessam

O ponto de partida da numerologia é sempre a data de nascimento. Essa data é usada para determinar o que se chama de "número do caminho da vida", e esse aspecto da numerologia é fácil de entender. Usando o princípio redutor explicado, você pode encontrar o seu número do caminho da vida – e a característica que se acredita que ele representa.

Anote num papel a sua data de nascimento no formato dd/mm/aaaa. Para alguém que nasceu em 10 de agosto de 1982, por exemplo, a data é 08/10/1982. O mês torna-se 0+8=8, o dia 1+0=1 e o ano 1+9+8+2=20, onde 2+0=2. A próxima soma considera todas essas reduções, 8+1+2, que é igual a 11. Uma vez que 11 é um número mestre,

OS NÚMEROS E O QUE ELES SIGNIFICAM

Cada número corresponde a uma série de fatores da personalidade, alguns favoráveis, outros nem tanto.

1 Independente, criativo, competitivo, inimigo do tédio, realizador, envaidecido, arrogante.

2 Bom organizador e descobridor de fatos, tem bom senso, é imparcial, evita confrontos, fraco.

3 Expressa-se bem, socialmente excelente, entusiasmado, charmoso, frívolo, materialista.

4 Prático, dedicado, trabalhador, bom para resolver problemas, exigente, egocêntrico.

5 Receptivo, questionador, ansioso por aprender, adaptável, tolerante, preguiçoso, quer gratificação imediata.

6 Caridoso, solidário, lógico, artista, atencioso, consolador, carente emocionalmente.

7 Organizado, pacífico, idealista, motivado, analítico, impaciente, detesta receber conselhos.

8 Forte, qualidades de liderança, responsável, respeitado, controlador, encoleriza-se rapidamente.

9 Apaixonado, caridoso, socialmente responsável, gosta de aprender, intelectual, tendência a "usar" as pessoas.

11 Espiritualista, inteligente, intuitivo, culto, visionário, tendência a humor instável, difícil de motivar.

22 Talentoso, potencial para o sucesso, realizador, carismático, prático, ditatorial, insensível.

pára-se por aí. Agora, experimente você!

Como posso usar a numerologia?

Você pode incorporar a numerologia e o seu número do caminho da vida de muitas maneiras à sua vida.

Calcule os números do caminho da vida do seu parceiro, dos seus familiares e de amigos íntimos. Compartilhe os resultados com eles e conversem sobre como se sentem em relação aos resultados, até que ponto eles refletem as diferentes personalidades.

Lembre-se do seu número do caminho da vida e encontre maneiras de inseri-lo na sua vida. Se o seu número for 7, por exemplo, você pode usar um anel com sete gemas, encher um vaso com sete rosas, usar um paletó com sete botões ou até mesmo morar no sétimo andar!

O seu número do caminho da vida reflete a maneira como você encara tudo na vida. Anote exemplos de fatos ou sentimentos importantes e veja se as suas reações refletiram a personalidade indicada para o seu número do caminho da vida. Quando os acontecimentos não saíram conforme o esperado, você estava agindo de acordo com o seu tipo?

TRAÇOS OBJETIVOS
VOCÊ SENTE EMPATIA?

Você consegue "entrar" na cabeça de alguém e imaginar o processo de raciocínio, as motivações e os sentimentos da outra pessoa? Quem é capaz de sentir empatia consegue. São pessoas capazes de pensar no lugar dos outros e fazem isso projetando os próprios pensamentos e emoções na situação, um processo semelhante à representação teatral. E essa capacidade especial é aplicada a todos aqueles com que têm contato, amigos ou estranhos, e essas percepções as ajudam a decidir sobre o que dizer aos outros e como dizê-lo. Como resultado, essas pessoas geralmente saem-se bem nas suas relações sociais e são consideradas boas amigas. Na verdade, é especialmente lisonjeiro e confortador saber que alguém se preocupa com o que você sente e entende os seus sentimentos.

Entre as pessoas que não alcançam o sentimento de empatia, entender os sentimentos dos outros é mais ou menos com tentar decifrar um idioma desconhecido. Por que eles estão com tanta raiva? Por que simplesmente não se dão bem? O que eu fiz para aborrecê-los? O comportamento dos outros é um mistério. Isso acontece porque as pessoas indiferentes têm dificuldade de entender as emoções, a menos que elas próprias as estejam sentindo. A realidade delas está enraizada no aqui e agora, e a não ser que elas estejam aborrecidas ou incomodadas, não conseguem imaginar como a outra pessoa se sente. Essas pessoas são muito diretas e difíceis de ser sensibilizadas, e podem causar irritação e problemas por não pensarem antes de falar ou agir.

EMPATIA | 85

TESTE A SUA PERCEPÇÃO

Escolha um conto de fadas com diversos personagens e um enredo movimentado – por exemplo, a história de Cinderela. Reflita por um instante sobre os protagonistas da história e tome nota, por exemplo, assim: as Irmãs Invejosas, a Madrasta, o Príncipe, a Fada Madrinha e Cinderela. A partir do que entendeu sobre como esses personagens se expressam e se comportam na história, tome nota dos sentimentos e motivações de cada personagem. Por que eles se comportam daquela maneira? Por que preferiram agir assim? O que estariam sentindo?

Depois de fazer uma análise completa do caráter e das ações dos personagens da história, conclua se achou o exercício fácil ou difícil.

CLASSIFICAÇÃO/INTERPRETAÇÃO

Se achou o exercício fácil, você é do tipo com empatia, porque conseguiu perceber os sentimentos dos personagens.
Se achou o exercício nem fácil nem difícil, você é simpático.
Se achou o exercício difícil, você é do tipo sem empatia, porque achou difícil perceber os sentimentos dos personagens.

Se você é do tipo com empatia, então usa as suas habilidades ao seu favor. É um bom negociador, controlando pessoas ou crianças, e no trato com o público; assim, trabalhos como de professor, líder de equipe ou guia turístico, seriam perfeitos para você. Também é provável que esteja sintonizado com as suas próprias emoções, porque a empatia em relação aos outros pressupõe que você se coloque no lugar deles. Procure evitar, contudo, usar essa capacidade apenas para atender aos seus interesses – em vez de ajudar as pessoas a se sentir melhores – e tornar-se uma pessoa manipuladora. Tente usar a sua sensibilidade em situações em que você não tenha nenhum interesse no resultado.

Se você é simpático, tem uma boa combinação para assumir uma postura direta e ainda assim ser capaz de sentir empatia. É provável que algumas pessoas sejam ainda incompreensíveis para você, mas se fizer um esforço conseguirá analisar a maioria das situações. Tente ampliar as suas sensibilidades no que se refere à empatia – procure um cargo de supervisor ou gerente no trabalho ou faça algum trabalho voluntário.

Se você é um tipo sem empatia, então se encaixa em dois grupos diferentes. De um lado, a sensibilidade emocional passa por você e não o atinge, ou você decide não se importar com a sensibilidade emocional porque não lhe interessa. Qualquer que seja o caso, você provavelmente acha que o estilo direto em relação a tudo é sempre o melhor, e os seus amigos e colegas gostam da sua franqueza. O problema é que você se arrisca a permitir que as situações e acontecimentos se voltem contra os seus interesses, porque deixou de perceber a situação como um todo ou por que alguém se comporta de determinada maneira. Tente indagar à pessoa por que ela está irritada ou com raiva – pode ser que sinta pena dela mesmo sem conseguir entendê-la!

TRAÇOS OBJETIVOS
VOCÊ É MODESTO OU PRESUNÇOSO?

A palavra "modesto" é usada de várias maneiras diferentes, mas existe um fundo comum nos seus significados: uma porção modesta ou uma casa modesta referem-se a algo que não é grande nem caro; uma mulher pode se vestir modestamente para evitar uma atenção indesejada e uma pessoa modesta não se vangloria ou evidencia as suas conquistas – é esse o significado que se aplica à personalidade.

Existe uma ironia em torno da modéstia como um traço de personalidade; instintivamente, preferimos as pessoas modestas, muito embora as genuinamente modestas geralmente são desconsideradas e esquecidas em favor daquelas que falam mais alto.

As pessoas modestas acreditam que todas as pessoas devem ser tratadas com igualdade e acham que se dá importância demais à posição social. Elas não se impressionam com ninguém e não ficam perturbadas ao tratar com os diretores da empresa ou ao se encontrar com pessoas famosas. Elas aceitam as pessoas como elas são, e não fazem julgamentos. São reservadas quanto às suas conquistas e evitam falar sobre si mesmas ou o seu sucesso. Elas estão dispostas a compartilhar o crédito pelo seu sucesso e sempre reconhecem publicamente a ajuda ou o apoio dos outros.

As pessoas presunçosas tendem a falar sobre as suas conquistas e acreditam que calar em relação à sua capacidade ou sucesso é como "ocultar as suas qualidades por trás da modéstia". É menos provável que estejam dispostas a dividir o crédito pelo que quer que tenham feito, e acham que a maneira de apresentar os fatos é quase tão importante quanto os próprios fatos. Acreditam que os mais idosos devem ser tratados com respeito e se preocupam com a própria posição social.

Se você é do tipo modesto, é uma pessoa calada que todos consideram discreta e igualitária. Pode ser tão ambiciosa quanto a pessoa ao lado, mas acredita que as ações falam mais alto do que as palavras, e deve ser julgada pelo seu desempenho e não pela maneira como o apresenta. No entanto, se você não falar um pouco de si (ou não falar nada de maneira alguma) poderá perder oportunidades porque as pessoas menos modestas passarão à sua frente e se farão notadas. Existe uma linha fina mas definida entre falar demais e ficar quieto, e ela é chamada de verdade. Se as suas conquistas forem verdadeiras, expresse-as e aproveite os elogios!

Se você é do tipo autêntico, às vezes se gaba um pouco, mas os motivos para isso variam. Alguns tipos medianos são muitos sensíveis sobre como e quando devem falar sobre as suas conquistas; outros não são tão sociáveis quanto os tipos presunçosos, mas têm uma leve tendência a falar de si mesmos. O seu objetivo é desenvolver a sensibilidade de saber quando se gabar e quando ser modesto.

Se você é uma pessoa presunçosa, tem mais probabilidade de ser sociável e ter uma atitude positiva em relação à vida. Acredita que precisa se promover e apresentar uma imagem positiva de si mesmo. Mas provavelmente inclina-se a se exibir e passar por cima das outras pessoas se achar que a sua posição é superior à delas. Isso o tornará impopular a longo prazo, portanto você precisa controlar essa tendência. Experimente se perguntar como a outra pessoa se sentiria se você se promovesse dessa maneira: ciumenta, irritada, diminuída, orgulhosa ou impressionada?

TESTE A SUA MODÉSTIA

Pegue papel e lápis e um cronômetro. Dê-se 3 minutos para escrever a respeito dos seus êxitos, conquistas e capacidades ou dons especiais, imaginando que vai ler a lista em voz alta para outra pessoa. Comece cada frase com "Eu posso..." ou "Eu tenho..." ou "Sou bom em...".

Pare depois de 3 minutos.

CLASSIFICAÇÃO/INTERPRETAÇÃO

Se você achou difícil expressar os seus pontos positivos e as suas aptidões, e/ou conseguiu obter menos de 10 frases, você é do tipo modesto.

Se você relutou um pouco, mas conseguiu entrar no espírito da coisa, e/ou conseguiu se sair com 10 a 20 frases, você é do tipo autêntico.

Se você achou fácil expressar os seus pontos positivos e as suas aptidões, e/ou conseguiu relacionar mais de 20 frases, então você é do tipo presunçoso.

TRAÇOS OBJETIVOS
VOCÊ ESTIMULA A COOPERAÇÃO?

Imagine que haja na sua cidade uma proposta de criação de um novo parque de patinação para adolescentes. Das decisões de quem o projeto dependeria para ser concretizado? Você acredita que todos os setores da sociedade e partes interessadas deveriam ser consultados, de modo que possa ser obtida a maior variedade possível de pontos de vista? Ou você acredita que algumas decisões se encaminham melhor quando tomadas por um grupo pequeno de políticos mais bem-informados, sensatos e experientes, que entendem melhor as conseqüências e custos de qualquer decisão?

Esses estilos de tomada de decisão também se estendem à vida cotidiana. As pessoas com personalidade democrática estimulam as outras a se interessar e participar; consultam todos os que podem ser afetados e ouvem as opiniões dos outros. Isso faz delas pessoas ponderadas como parceiros e membros familiares, além de líderes de equipe populares no trabalho. No entanto, toda

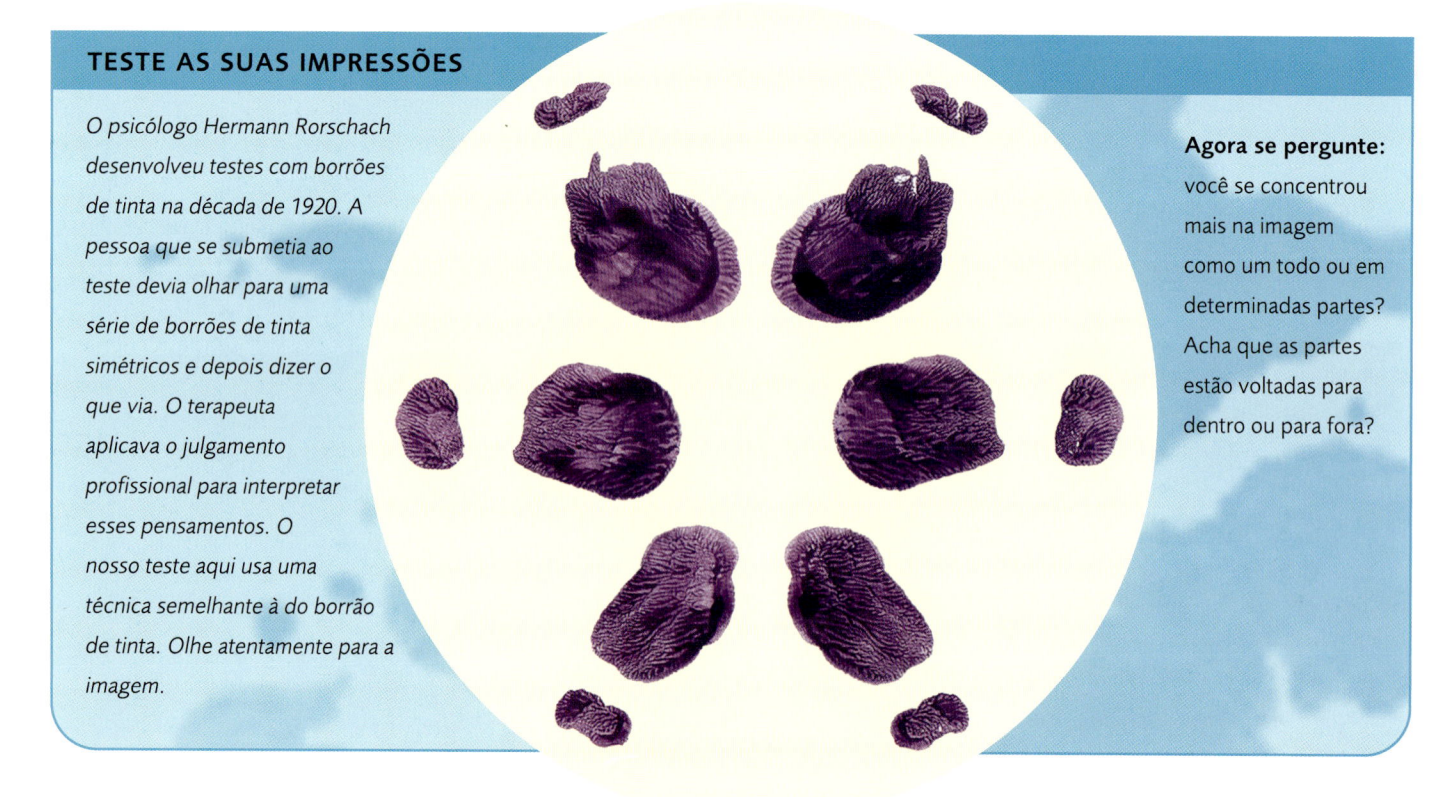

TESTE AS SUAS IMPRESSÕES

O psicólogo Hermann Rorschach desenvolveu testes com borrões de tinta na década de 1920. A pessoa que se submetia ao teste devia olhar para uma série de borrões de tinta simétricos e depois dizer o que via. O terapeuta aplicava o julgamento profissional para interpretar esses pensamentos. O nosso teste aqui usa uma técnica semelhante à do borrão de tinta. Olhe atentamente para a imagem.

Agora se pergunte: você se concentrou mais na imagem como um todo ou em determinadas partes? Acha que as partes estão voltadas para dentro ou para fora?

popularidade pode se dissipar se a decisão acabar não saindo – os outros ficarão fartos com o que é percebido como extrema agitação.

Há pessoas que acreditam que o estilo oposto de atuação dá resultados mais frutíferos. Os que têm traços autocráticos acreditam em assumir o controle e têm fé na sua capacidade de tomar decisões sem longas discussões com as outras pessoas que podem não estar especialmente informadas ou interessadas no assunto. Você alguma vez já discutiu com os amigos sobre qual pizza pedir, ou a que restaurante ir? No final, uma pessoa decide e o grupo suspira aliviado! O perigo desse estilo de comportamento é que você pode antagonizar os outros, e o ressentimento pode redundar na sua exclusão.

Se você é do tipo democrático, considera importantes as suas relações familiares e sociais, e se esforça para que todos se sintam valorizados e sejam ouvidos. Só existe um senão: você se sente infeliz tomando as decisões se não tiver o apoio moral dos outros. Comece com algo pequeno (um jantar de surpresa para um amigo) e tome uma decisão por conta própria; tenha confiança nela e execute.

Se você é do tipo autocrático, fica frustrado com a inação e a agitação, e é motivado por uma necessidade de ver as coisas acontecerem. O perigo é que os outros com que entra em contato sintam-se preteridos, ignorados e desmotivados. Experimente pedir a opinião dos outros. Tome nota delas e apresente um aspecto positivo e um negativo para cada uma delas. Isso irá forçá-lo a fazer uma pausa e realmente considerar os pontos de vista das outras pessoas.

Se você é do tipo pragmático, pode ser tanto um integrante de grupo competente quando um líder admirado. Deve ter aprendido que há momentos em que vale a pena consultar as opiniões e ocasiões em que assumir a liderança é imprescindível para fazer as coisas acontecerem.

CLASSIFICAÇÃO/INTERPRETAÇÃO

As pessoas que observam a imagem em conjunto e tentam incluir cada detalhe na sua interpretação da imagem tendem a procurar semelhanças e maneiras de incluir os outros.

As pessoas que se concentram nas partes isoladas da imagem e percebem as diferenças como traços separados tendem a ser auto-suficientes e menos voltadas para o grupo e inclusivas.

Se você se concentrou na imagem como um todo, e considerou que as partes estavam voltadas para dentro, então é do tipo democrático.
Se você se concentrou nas partes da imagem, e considerou que as partes estavam voltadas para fora, então é do tipo autocrático.
Se a sua reação variou entre as duas, você é do tipo pragmático.

QUAL É A SUA RUNA?

As runas são uma série de símbolos antigos desenvolvidos no norte da Europa e que constituem um alfabeto. A característica básica que distingue o alfabeto rúnico dos outros alfabetos é que cada letra, ou runa, tem um significado. Por exemplo, enquanto "A" é apenas um som que denota a primeira letra do nosso alfabeto, o nome da primeira runa, *fehu*, tem o significado de "gado" no idioma germânico original. As runas também têm uma importância mágica e religiosa, portanto o mero processo de escrever pode se transformar em um encantamento mágico. As runas são usadas ainda para fazer adivinhações, ou para a orientação pessoal. Essa orientação compreende a personalidade, o caráter e o temperamento, assim como experiências passadas e tendências de comportamento.

As runas caíram em desuso como linguagem quando o alfabeto romano tornou-se o preferido na escrita em praticamente toda a Europa, mas as suas formas e significados foram preservados em inscrições e manuscritos. As runas eram comumente usadas para encantamentos e consultas simples até o século XVII, quando foram oficialmente banidas pela Igreja Católica. A história e o uso das runas foi revivido pelos acadêmicos alemães nas décadas de 1920 e 1930 como parte do interesse nazista pelo folclore, embora grande parte das pesquisas tenha sido tão influenciada pela ideologia nazista que foi descartada. As runas tornaram-se populares de novo na década de 1980 como parte do ressurgimento do interesse pelas filosofias da chamada Nova Era.

Hoje em dia, as runas foram redescobertas como um sistema simbólico e oferecem uma chave para o entendimento das vidas e crenças dos antigos povos que as criaram. Podemos aprender bastante com as runas sobre um antigo estilo de vida que era mais intimamente ligado ao mundo natural que o nosso. Há muitas maneiras de interpretar as runas e idealmente cada runa deve ser esculpida em uma pequena peça de madeira, de modo a se conservar o símbolo e estabelecer uma conexão física com ele.

O alfabeto rúnico é tradicionalmente dividido em três famílias, ou *aetts*. A primeira aett contém as primeiras sete letras do alfabeto, apresentadas na tabela ao lado.

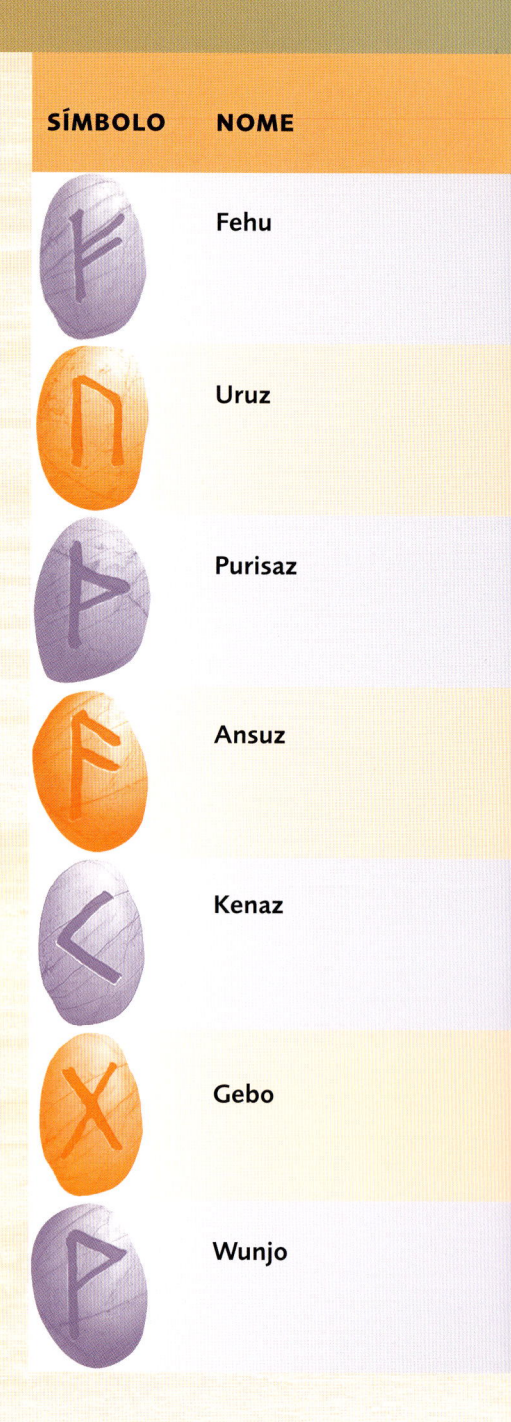

SÍMBOLO	NOME
	Fehu
	Uruz
	Purisaz
	Ansuz
	Kenaz
	Gebo
	Wunjo

SIGNIFICADO	INTERPRETAÇÃO
Gado	Prosperidade, dinheiro, riqueza, necessidades físicas e financeiras, metas, auto-estima, sucesso comercial, promoção, encontrar trabalho, começar novos empreendimentos
Auroque (bisão europeu)	Energia, paixão, vitalidade, instinto, impetuosidade, sexualidade, fertilidade, o inconsciente, irracionalidade, rito de passagem
Gigante	Privação, sofrimento, subordinação, conhecimento, introspecção, concentração, disciplina pessoal, fim de uma situação ruim, estudo e meditação
Odin (chefe de tribo)	Autoridade, liderança, equilíbrio mente-corpo, justiça, decisões sensatas, sucesso, orientação espiritual, motivação, carisma
Tocha	Sabedoria, percepção, solução de um problema, criatividade, inspiração, iluminação, estudo e aprendizado, dissipação de ansiedade e medo
Dádiva	Dádiva, oferenda, participação, relacionamento, amor, parceria, generosidade, boa sorte inesperada
Glória	Sucesso, reconhecimento de feitos, recompensa, alegria, realização de metas, contentamento, motivação, conclusão ou finalização

Como posso usar as runas?
Hoje em dia, é fácil encontrar conjuntos de runas para comprar, ou então você mesmo pode fazer o seu.

Pode ser que você se sinta atraído por uma determinada runa, e isso acontece porque o símbolo reflete a sua personalidade e incorpora melhor as suas crenças, atitudes e formação intelectual. Essa runa o ajudará a manter as suas forças espirituais e a se fortalecer. Ou pode ser que a runa reflita um desequilíbrio na sua vida – você é instintivamente atraído para a runa que lhe dá forças para resolver os seus problemas. O tempo e a contemplação irão revelar as razões por trás da sua escolha.

Manter uma runa preferida no seu bolso lhe dará forças durante reuniões, encontros ou acontecimentos difíceis, ou você pode usar o nome da sua runa como um mantra durante a meditação ou relaxamento.

Assim como as cartas do tarô, as runas podem ser usadas para adivinhação ou aconselhamento pessoal. Você pode espalhar um determinado número de runas e interpretar a sua leitura, ou ir retirando algumas de dentro de um saco e refletir sobre os significados.

TRAÇOS OBJETIVOS
VOCÊ É ATENCIOSO COM OS OUTROS?

O antigo conceito chinês de yin e yang refere-se a duas forças complementares mas opostas. Yin significa originalmente "o lado sombrio do vale" e representa tudo sobre o mundo que é sutil, passivo, receptivo, submisso, frio, macio e feminino. Yang significa originalmente "o lado ensolarado do vale" e representa tudo sobre o mundo que é evidente, ativo, agressivo, controlador, quente, duro e masculino.

Tudo no mundo pode ser identificado como sendo yin ou yang, embora, na realidade, tanto yin quanto yang estejam sempre presentes, sendo apenas um deles predominante. O conhecido desenho do yin e yang lembra um pouco dois peixes nadando dentro de um círculo e representa como yin e yang se equilibram, se opõem e até podem ocupar o lugar do outro. Cada peixe tem um "olho" da cor oposta, mostrando que cada um contém a semente do outro. As personalidades "femininas" podem ter um elemento de masculinidade e vice-versa.

A consideração pelos outros é um traço de personalidade classicamente feminino, ou yin, porque tradicionalmente é a mãe que alimenta e cuida da família. Embora os pais modernos possam questionar esse ponto de

TESTE O SEU QUOCIENTE DE DEDICAÇÃO

Observe estas duas figuras e reflita sobre como elas se aplicam à sua personalidade e à maneira como você vive a sua vida.

Com qual das duas imagens – o leão ou a leoa – você se identifica mais e por quê?

DEDICAÇÃO | 93

vista, ele ainda se aplica em grande parte do reino animal. As pessoas atenciosas são boas em cuidar das pessoas necessitadas e se interessam genuinamente pelo bem-estar dos outros. Elas ajudam os amigos em dificuldades e demonstram simpatia por eles. É a elas que todos pedem conselhos e elas são tolerantes às diferenças de opinião e estilos de vida.

As pessoas indiferentes tendem mais para yang – não estão realmente interessadas nos problemas das pessoas e não se sentem à vontade em conversar a respeito. Na opinião delas, as questões pessoais dizem respeito a cada um, e elas são menos compreensivas quando surgem problemas no ambiente de trabalho ou no seu círculo social.

CLASSIFICAÇÃO/INTERPRETAÇÃO

A função da leoa é alimentar e cuidar dos filhos até que cresçam e se tornem adultos independentes. Se você acha que se parece mais com a leoa, tendendo a cuidar das pessoas e das coisas, então você é do tipo dedicado.

A função do leão é estar presente no vasto mundo defendendo o seu orgulho. Se você se vê mais como um leão, independente e desinteressado de ser atencioso, então você é do tipo indiferente.

Se você viu elementos em si tanto da leoa quanto do leão, então é um tipo interessado.

Se você é do tipo dedicado, tem prazer em ajudar e cuidar das outras pessoas. Essas podem ser os seus filhos, a sua família, o seu parceiro, amigos ou colegas. Você gostaria de um trabalho que requeira dedicação como o de professor, enfermeiro ou terapeuta. Você provavelmente procura situações de carência tanto quanto elas buscam o seu conforto e consideração. O perigo é que você viva para os outros e por meio dos outros, em vez de para si mesmo. Experimente reservar algum tempo para si e não permita que ninguém interfira – adote um novo passatempo e chame-o de "um tempo para mim".

Se você é do tipo indiferente, então considera os problemas dos outros como algo que eles têm de resolver e não é da sua conta envolver-se. Nem tampouco você comenta os seus problemas com os outros e veria isso como uma fraqueza e motivo de embaraço. No entanto, é provável que você restrinja a sua vida ao seu mundo pessoal, como um casulo, sem se importar com os menos afortunados do que você. Encontre uma instituição de caridade da sua confiança e ajude um pouco envolvendo-se em alguma atividade piedosa.

Se você é interessado, provavelmente divide a sua vida, mais propriamente dedicando a sua atenção em casa e sendo indiferente no trabalho. Inúmeras pessoas são parceiros e pais carinhosos e interessados e vêem a sua vida profissional como algo completamente separado e não misturam as duas coisas. Pode ser que ao fazer isso você perca a oportunidade de fazer ótimas amizades no trabalho. Experimente sair de vez em quando com os colegas de trabalho para conhecê-los em um ambiente mais descontraído.

TRAÇOS OBJETIVOS

O SEU PERFIL DOS TRAÇOS OBJETIVOS

Se você fez todos os testes relativos aos traços objetivos, pode agora computar os seus resultados para obter uma visão geral da sua personalidade "objetiva", de que maneira se relaciona com os outros e como se comunica com os colegas, amigos, familiares, companheiros de profissão e parceiros. Circule os quadros respectivos dos seus resultados nos testes e depois adicione os itens circulados em cada coluna: A, B e C.

	A	B	C
Págs. 68-69	Franco	Prudente	Calado
Págs. 70-71	Não influenciador	Sincero	Persuasivo
Págs. 72-73	Submisso	Razoável	Controlador
Págs. 74-75	Dependente	Ponderado	Independente
Págs. 76-77	Gregário	Amigável	Sério
Págs. 78-79	Sociável	Agradável	Arredio
Págs. 80-81	Socialmente seguro	Socialmente satisfatório	Socialmente hesitante
Págs. 84-85	Com empatia	Simpático	Sem empatia
Págs. 86-87	Presunçoso	Autêntico	Modesto
Págs. 88-89	Democrático	Pragmático	Autocrático
Págs. 92-93	Dedicado	Interessado	Indiferente
Total			

CLASSIFICAÇÃO

Se você teve a maioria dos itens circulados na coluna A, então é um extrovertido típico.

Se você teve a maioria dos itens circulados na coluna B ou um número igual em duas colunas quaisquer, então é sociável.

Se você teve a maioria dos itens circulados na coluna C, então é introvertido.

INTERPRETAÇÃO

Extrovertido

Você adora a companhia das pessoas e sente um enorme prazer em estar com outros como você. Gosta de brincadeiras verbais e considera as divergências uma expressão saudável e sincera dos pontos de vista – nada mais. A capacidade de integrar uma equipe é uma habilidade que você tem de sobra e, na verdade, não gosta de trabalhar sozinho ou sem o apoio de um companheiro. Pode ser a alegria de uma festa quando está de bom humor e consegue levantar o moral das pessoas. E tem um talento especial para ajudar e estimular os outros.

O comportamento extrovertido tem o seu lado negativo, porém. As pessoas podem considerá-lo direto demais, literal em excesso, exibido além da conta. Levado pela empolgação do momento, você pode se enganar a respeito de situações e presumir que amigos e colegas são tão abertos e liberais quanto você. Com a sua tendência de colocar os outros em primeiro lugar, acaba perdendo oportunidades.

Introvertido

Você se retrai diante de estranhos e pessoas que não conhece direito. Precisa sentir-se relaxado em situações sociais novas antes de se abrir. Geralmente guarda as suas opiniões para si e se expressa com cuidado. Tende a não compartilhar os seus sentimentos facilmente ou se envolver com os problemas dos outros. No entanto, se as pessoas se derem o trabalho de conhecê-lo, verão que é um amigo e um parceiro discreto, a quem podem confiar informações delicadas e fofocas. No trabalho, é capaz de se distanciar das armações ou jogos políticos, além de se manter neutro em questões sentimentais. Também é um ótimo organizador e administrador, porque gosta de ter o controle – das suas emoções, das outras pessoas e de qualquer situação.

Você pode, porém, ser considerado hostil, arredio e retraído, porque acha difícil entrar nas conversas em eventos sociais. Essa é uma interpretação equivocada, é claro, pois você gosta do contato social, à sua maneira.

Sociável

Você é capaz de ajustar o seu estilo de comportamento nas relações com os outros: gosta de eventos sociais, mas prefere grupos menores ou ambientes mais descontraídos. Não diria que é exatamente o centro das atenções em uma festa, mas é uma boa companhia quando está em forma. É assertivo ao lidar com as pessoas e estimula os outros a expressar as próprias opiniões também. Gosta de ter um certo controle, mas admite cedê-lo a alguém mais experiente ou determinado.

Muito provavelmente, você se comporta de um jeito em casa e de outro na vida profissional – extrovertido em casa, introvertido no trabalho, ou vice-versa. Essa dicotomia pode ser difícil de manter e talvez tenha alguns problemas em continuar assim. Precisa encontrar a sua "verdadeira" personalidade.

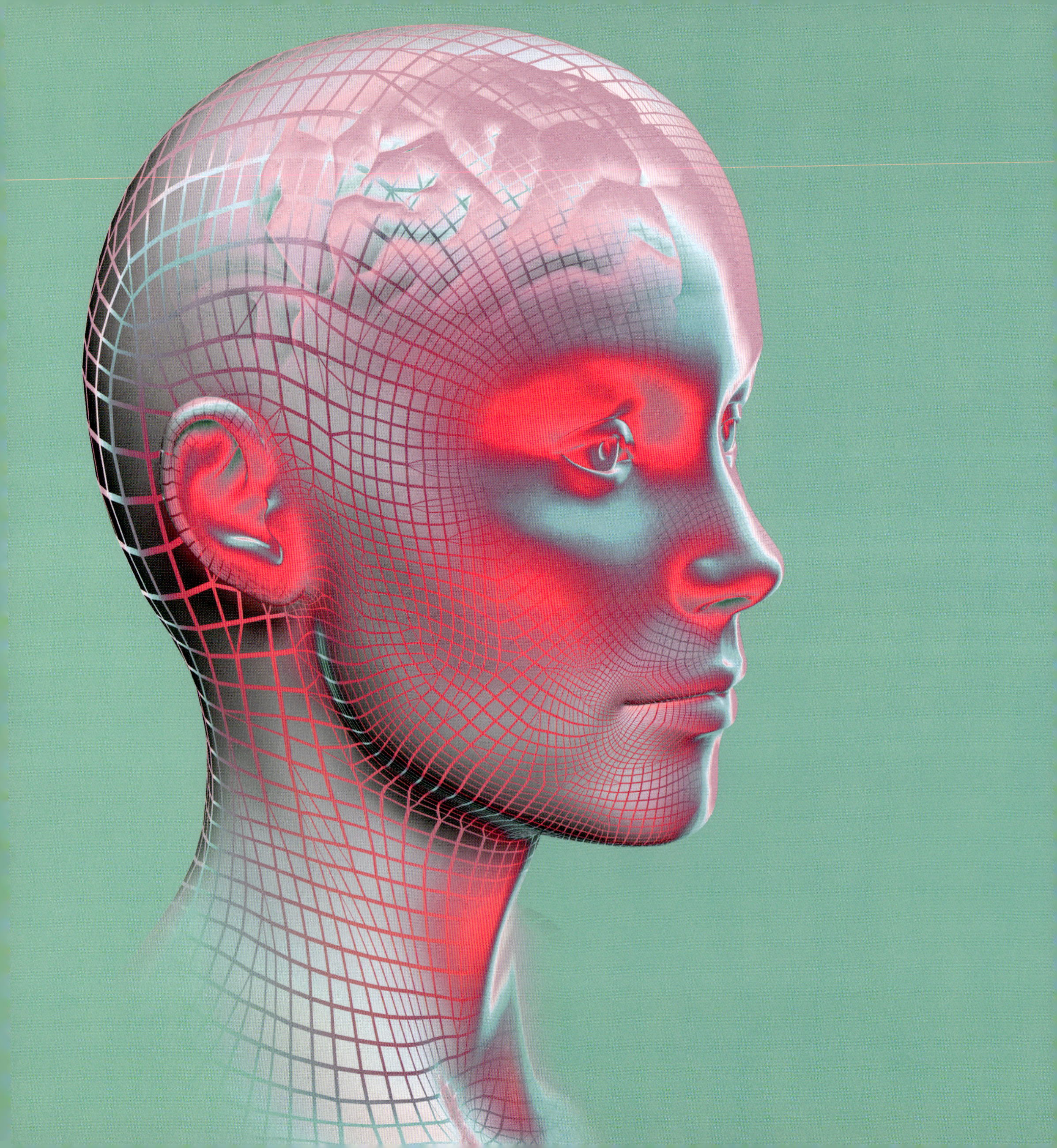

PARTE 3

TIPOS SUBJETIVOS

O QUE SÃO TIPOS SUBJETIVOS?

A palavra "personalidade" deriva da palavra grega *persona*, que originalmente era o nome das máscaras usadas pelos atores para retratar o caráter de diferentes personagens; com o tempo, a palavra acabou adquirindo o significado de "personagem" mesmo. Assim como existem muitos tipos diferentes de personagem nas peças gregas, a personalidade pode ser considerada como um conjunto de muitas personagens diferentes, ou tipos. A teoria é que esses tipos são distintos e diferentes entre si; você é principalmente um ou outro, não um pouco ou muito de todos eles, como acontece com os traços. Os próprios gregos começaram por classificar a personalidade por tipos. Em 400 a.C., Hipócrates apresentou a sua teoria dos humores corporais, com apenas quatro tipos: melancólico, sangüíneo, colérico e fleumático (veja as págs. 40-41).

As teorias sobre os tipos são comuns em todas as ciências; na biologia, as espécies e os gêneros são conceitos de tipo, e na química, a Tabela Periódica classifica os elementos por tipo. Na psicologia ainda se discute se a personalidade humana pode realmente ser definida por tipos. Não será esse um enfoque bastante simples? Do ponto de vista científico, provavelmente é simplista, mas de uma perspectiva popular, a simplicidade sempre é interessante. Um único tipo é muito mais fácil de lembrar e compreender do que o seu perfil em 16 ou até mesmo 32 traços individuais!

Um sistema popular de analisar o crescimento pessoal da personalidade baseia-se no tipo subjetivo: o eneagrama (veja a pág. 9). O eneagrama é tanto uma teoria sobre tipos de personalidade quanto um símbolo visual, composto de nove pontas que correspondem a cada um dos nove tipos de personalidade. Esse símbolo também representa todos eles em um diagrama para ilustrar como os tipos de personalidade se relacionam. O eneagrama, ao contrário das técnicas psicométricas tradicionais, ajuda as pessoas a reconhecer e a compreender um padrão global no comportamento humano tomando consciência de si mesmo e se descobrindo. Os nove tipos de personalidade são particularmente inspiradores, porque são explicados em termos dos pontos fortes e fracos e das manifestações

INTRODUÇÃO | 99

"saudáveis" e "doentias" de cada tipo. Isso aumenta as oportunidades de descoberta e crescimento pessoal.

Este capítulo contém testes que avaliam os seus tipos subjetivos, aqueles pertinentes ao modo como você pensa e sente, ao que motiva e estimula você. Não deixe de ler com atenção todas as instruções dos testes, mas não demore muito pensando numa resposta ou na resposta correta – o primeiro pensamento que lhe ocorrer normalmente reflete mais precisamente a sua maneira de ser.

Você pode querer considerar se está interessado em descobrir o seu tipo para se conhecer apenas ou visando um contexto profissional. Muitas pessoas pensam e agem de maneira diferente em casa e no trabalho: em geral, a personalidade "doméstica" da pessoa é o seu verdadeiro eu, ao passo que a personalidade "profissional" reflete como essa pessoa gostaria que os outros a vissem. Você pode ser um investigador no trabalho, discretamente capaz e competente na sua função, mas um entusiasta na vida particular, espontâneo e distraído. Ou você pode ser um investigador em casa e no trabalho, mas achar que os dois ambientes diferentes despertam aspectos "saudáveis" ou "doentios" do seu tipo pessoal de personalidade. Estudar o seu tipo subjetivo ajudará você a se compreender melhor, assim como às suas motivações e aptidões. Que tipo de pessoa você é realmente?

Atenção: Este capítulo contém testes de personalidade simplificados baseados na teoria dos tipos de personalidade. Não é um substituto de um teste de personalidade profissional pelo eneagrama ou de quaisquer outros testes de personalidade profissionais, e os resultados não pretendem ser psicométricos ou práticos, nem equivalentes aos resultados de uma avaliação pelo eneagrama.

TIPOS SUBJETIVOS
VOCÊ É UM REFORMADOR?

Nenhuma sociedade permanece imutável: os tempos mudam, as atitudes mudam, a economia muda. A mudança sempre acaba resultando em reforma — a modificação e a reestruturação das instituições sociais, visando aprimorá-las. Reforma dos sistemas penitenciários, reforma da educação, reforma da saúde, reforma política... Esses assuntos são tão atuais e comuns hoje em dia quanto eram cem anos atrás.

Então que tipo de pessoa inicia e impulsiona uma reforma? Bem, alguém com fortes convicções pessoais, com noção do que é certo ou errado e com valores pessoais e morais. Os reformadores buscam igualdade,

TESTE O SEU ZELO PELAS MUDANÇAS

Leia as afirmações abaixo e classifique cada uma como "verdadeira" ou "falsa".

1. Sempre há oportunidades para melhorar.
2. Adoro trabalhar para a minha comunidade.
3. Acho difícil ficar sentado sem fazer nada.
4. Sou uma pessoa organizada.
5. Acredito na responsabilidade pessoal.
6. As mudanças são importantes e normalmente são para melhor.
7. Tenho fortes princípios morais e éticos.
8. Estou sempre insatisfeito com uma coisa ou outra.
9. Vou me empenhar ao máximo pelo tempo que for preciso para terminar o que comecei.
10. Nunca é bom prender-se às regras.

REFORMADOR 101

verdade e justiça, e têm a capacidade de inspirar os outros na sua busca por uma sociedade melhor. Eles têm um desejo muito forte de "fazer o bem" e vivem a vida de acordo com esse mantra. O seu calcanhar-de-aquiles é que eles podem ser classificados como hipócritas, inflexíveis e críticos, e sentir-se descontentes e impacientes com a vida e as outras pessoas.

Os reformadores são atraídos por funções que facilitam a mudança para uma sociedade melhor, geralmente no setor público, como o magistério, pesquisas acadêmicas, assistência social e a política. No ambiente empresarial, eles trabalham duro, com uma tendência a tornar-se viciados em trabalho, sendo controlados, organizados e honrados. Quando os reformadores estão de folga, em casa ou na comunidade, muitas vezes se envolvem em projetos locais. Participam de comissões com muito empenho e buscam melhorar a vida de todos na comunidade.

CLASSIFICAÇÃO/INTERPRETAÇÃO

Se você respondeu como "verdadeira" a 8 ou mais afirmações – você é um reformador.

Se você respondeu como "verdadeira" entre 4 e 7 afirmações – você é um reformador secundário.

Se você respondeu como "falsa" a 3 ou menos afirmações – você provavelmente é do tipo de pessoa que está satisfeito com a situação atual.

Se você é um reformador, é conscencioso e honrado, podendo ser uma pessoa religiosa ou motivada por um forte desejo de fazer diferença e melhorar a vida das pessoas. O perigo no seu caso é sentir que o seu caminho é o único certo e se frustrar com as pessoas que não compartilham as suas crenças e os seus valores. Lembre-se de que a reforma só é possível pelo consenso, e que você precisa das outras pessoas do seu lado. Experimente ficar nos bastidores e deixar outra pessoa conduzir um projeto que lhe interessa muito.

Se você é um reformador secundário, isso significa que tem a tendência para reformar os comportamentos, mas que esse não é o seu tipo de liderança. Você simplesmente não tem a motivação, a disciplina pessoal ou o perfeccionismo dos reformadores, mas ainda assim gosta de mudar a sua vida e a de outras pessoas para melhor. Talvez se contente com a aparência de reformador; talvez tenha uma causa importante que o entusiasma por razões pessoais.

Se você está satisfeito com a situação atual, não tende a iniciar uma mudança uma vez que os reformadores que conhece podem parecer mal-humorados na sua busca de um ideal, mas no fundo você acha que essa motivação é apenas uma parte da personalidade deles. Você pode representar esse papel em benefício próprio, conseguindo que um reformador conduza ou assuma um projeto que realmente o interesse, mas desde que você concorde com o resultado esperado. Essa técnica é boa para canalizar o excesso de energia das crianças, se você tiver uma causa que as interesse.

TIPOS SUBJETIVOS
VOCÊ INFLUENCIA AS PESSOAS?

O papel de mentor vem sendo cada vez mais usado como um processo de apoio e crescimento nos negócios e organizações, assim como em contextos educacionais. Basicamente, um mentor atua como uma espécie de colega de confiança e amigo crítico junto a alguém novo, menos experiente ou que precise aprender técnicas que o mentor pode transferir. O papel de mentor é de apoio, orientação, encorajamento, transferência de conhecimento e ajuda na superação de obstáculos e solução de problemas.

Que tipo de pessoa daria um bom mentor? Algumas pessoas parecem ter um talento inato para orientar informalmente, ainda que de maneira inspirada e esclarecedora. Os mentores inspiram crédito e confiança, e são respeitados pelos seus conhecimentos e as suas idéias. Eles são ponderados, encorajadores, compreensivos, generosos e piedosos. Os mesmos traços de personalidade se aplicam aos mentores em um sentido geral – eles apreciam a intimidade emocional e gostam de agradar. Procuram ver o bem nas outras pessoas e gostam de se envolver na vida alheia. O maior risco que correm os mentores é o de se intrometer ou interferir demais, começando a parecer intrusos.

Os mentores são melhores quando adquiriram um conhecimento ou experiência de grande valor, e as pessoas os procuram para aprender com eles. Eles são pais pacientes e gostam de ajudar os filhos a aprender novas habilidades. Os mentores dão fabulosos líderes de equipe e são treinadores natos de novos integrantes de clubes ou associações, assegurando a participação de todos.

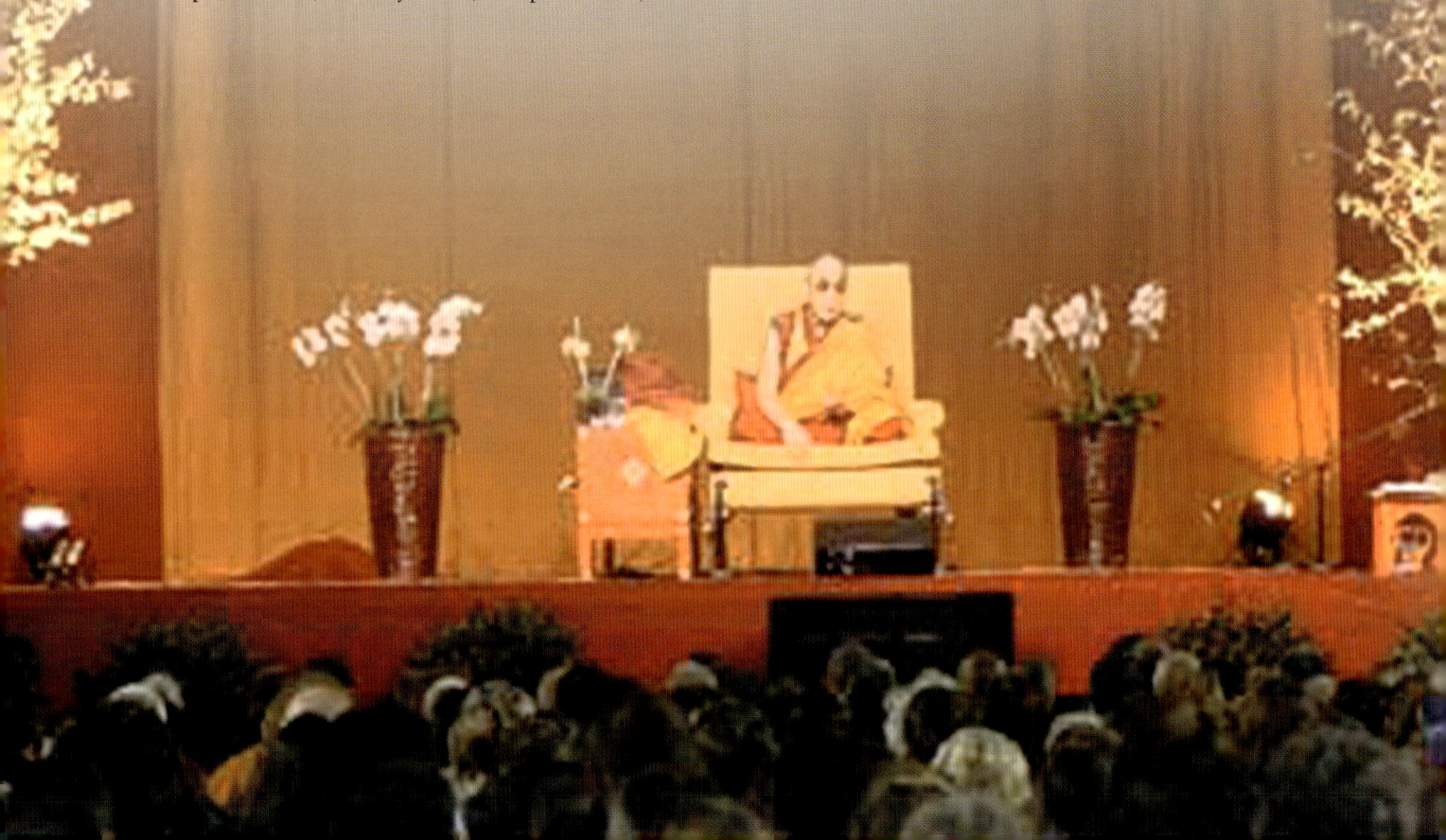

TESTE AS SUAS HABILIDADES COMO MENTOR

A história do Mentor começou na Odisséia, de Homero. Quando Ulisses, rei de Ítaca, foi lutar na Guerra de Tróia, confiou o seu reino a Mentor, que era o professor e conselheiro de seu filho, Telêmaco.

Depois da guerra e muitos anos depois, Telêmaco, já um homem adulto, partiu em busca do pai, acompanhado pela deusa Atena, que tomou o lugar do seu mentor. Pai e filho acabaram se encontrando. O papel de Atena como mentora de Telêmaco não foi apenas de criá-lo, mas também de prepará-lo para as responsabilidades que ele assumiria na vida. A propósito, a palavra "mentor" tornou-se sinônimo de um amigo de confiança, conselheiro, professor e pessoa sábia.

Marque dez minutos no relógio. Certifique-se de que está familiarizado com o termo "Mentor" e o que ele significa. Escreva uma lista de ocasiões em que você agiu como mentor para um filho, amigo, parente ou colega. Pare quando acabar o tempo.

CLASSIFICAÇÃO/INTERPRETAÇÃO

As pessoas que têm o tipo de personalidade de Mentor vêem-se assumindo naturalmente o papel de Mentor nos seus relacionamentos.

Se você se lembrou de 5 ou mais ocasiões em que atuou como mentor, então é um mentor primário.

Se você se lembrou de 2 a 4 ocasiões em que atuou como mentor, então é um mentor secundário.

Se você se lembrou de apenas uma ou nenhuma ocasião em que atuou como mentor, então é do tipo de personalidade que evita interferir.

Se você é um mentor primário, precisa sentir-se amado e valorizado, e gosta de expressar os seus sentimentos em relação aos outros. Tem grande habilidade de comunicação e sabe entender uma situação e avaliar a melhor maneira de chegar ao resultado desejado. Valoriza as aptidões dos outros e geralmente age como confidente. Tem uma grande rede de relacionamentos.

Se você é um mentor secundário, pode não ter tanta habilidade em fazer aflorar o melhor das pessoas, mas tem uma inclinação natural para tentar. Tem menos probabilidade de interferir nas questões pessoais ou manipular as pessoas para atingir os seus resultados.

Se você é do tipo que evita interferir, acredita em deixar as coisas como estão e não se envolver. No seu trato com mentores – aqueles que se incomodam em dizer "não" aos pedidos e tendem a ficar estressados por tentar demais ajudar os outros – experimente não sobrecarregá-los com tarefas, mesmo que eles as aceitem de boa vontade. Eles também podem insistir na exclusividade da amizade, o que pode ser sufocante: se isso incomodar você, não deixe de evidenciar a sua necessidade de outros amigos.

QUAL É O SEU DOSHA?

A medicina Ayurvédica é praticada na Índia há mais de 5.000 anos: o termo antigo em sânscrito para "vida" é Ay e "védico" significa "conhecimento". A filosofia básica é que o nosso corpo é constituído dos elementos água, fogo, terra, espaço e ar. Esses cinco elementos combinam-se em pares para formar três interações dinâmicas chamadas *doshas*: espaço e ar constituem o dosha Vata, fogo e água combinam-se para formar Pitta e água e terra constituem Kapha.

Esses doshas movem-se constantemente num equilíbrio dinâmico entre si, influenciando a fisiologia e a psicologia do nosso corpo e da nossa mente. Nós tendemos a ter um dosha dominante, que reflete as características, traços e tendência com que nascemos.

DOSHA

Vata manifesta-se como frio, leve, irregular, móvel, sutil, claro, seco e adstringente. O local básico de Vata é o cólon. Ele também reside na bexiga, nas coxas, nas orelhas, nos ossos e no sentido do tato. A raiz "va" significa "espalhar" e é responsável por todos os movimentos do corpo, incluindo o fluxo respiratório e sanguíneo, e a expressão da fala.

Pitta é constituído de fogo e água. É pungente, quente, penetrante, oleoso, agudo, líquido, expansivo e ácido. A sua função básica é a transformação. Força da atividade metabólica do corpo, ele é associado ao funcionamento endócrino, aos níveis hormonais, à digestão, à temperatura corporal, à percepção visual, à fome, à sede e à característica da pele.

Kapha é uma combinação dos elementos terra e água. É lento, pesado, fresco, denso, macio, oleoso, pegajoso, nublado, líquido e doce. Kapha literalmente mantém o corpo unido. Ele é coesivo, dá forma e formato, ajuda no crescimento e desenvolvimento, lubrifica e protege, ajuda no olfato e no paladar.

PERSONALIDADE

As personalidades Vata são entusiasmadas, fantasiosas e dinâmicas. Têm dificuldade de tomar decisões porque têm a tendência de se preocupar e sentir-se ansiosas em acertar no caminho certo a seguir. O perigo para elas é sentir medo ou insegurança, e tendem a mudanças de humor.

As personalidades Pitta são eficientes, perfeccionistas, persistentes e exatas. Elas são cheias de opiniões e bem competitivas. São impacientes e se irritam facilmente. O seu ponto fraco é sentirem-se irritadas ou iradas, ou reprimir as emoções.

A típica personalidade Kapha é relaxada, plácida, metódica e confiável. Os Kaphas são afetuosos, benévolos e gostam das suas horas de lazer. Entre as suas características menos favoráveis destacam-se uma resistência à mudança e a desconfiança, além de serem cobiçosas e possessivas.

O que eu ganho por conhecer o meu dosha?

Ao identificar o seu dosha básico e compreender as suas características, você pode melhorar a sua saúde física e emocional, controlando a sua alimentação.

Os Vatas se dão bem com alimentos doces, azedos e salgados, ingeridos as mais das vezes em pequenas quantidades. Alimentos e bebidas fortes e quentes também são tolerados. As pessoas Vata devem evitar sabores adstringentes, amargos e picantes, porque todos ressecam. Refeições pesadas e infreqüentes também não são recomendadas.

Os Pittas se dão bem com alimentos e bebidas frias. Podem ingerir alimentos doces, amargos e adstringentes, como as saladas. Os Pittas precisam ter refeições regulares e também podem tolerar alimentos mais pesados. A sua saúde é agravada por temperos picantes, salgados e azedos. Alimentos fortes e oleosos como alho e frituras também perturbam Pitta. Refeições infreqüentes e irregulares e pratos rápidos devem ficar de fora do cardápio, assim como bebidas fortes.

Kapha se beneficia com alimentos leves, secos e fortes. Refeições leves, incluindo saladas, sopas e porções de aperitivos são benéficas. Temperos picantes, amargos e adstringentes são bem tolerados. Os Kaphas são prejudicados por temperos doces, azedos e salgados, uma vez que aumentam a umidade. Os Kaphas devem evitar alimentos gelados e bebidas, refeições pesadas, sobremesas exageradas e comer entre as refeições.

TIPOS SUBJETIVOS
VOCÊ MOTIVA A SI MESMO E AOS OUTROS?

A teoria da motivação foi uma criação intelectual de Abraham Maslow, um sociólogo. A "hierarquia das necessidades" que ele desenvolveu afirma que todos os seres humanos são motivados por necessidades, que começam pelas mais básicas – as necessidades fisiológicas (conseguir alimentos e água) e necessidades de segurança (habitação adequada e ter segurança) – e prosseguem até as mais sofisticadas – necessidades sociais (família e amigos, fazer parte de uma comunidade), necessidades de estima (reconhecimento pelos pares, colegas ou organizações) e a necessidade de satisfação pessoal (buscar ou realizar metas pessoais).

Os motivadores como um tipo de personalidade são afetados pelos níveis das necessidades de estima e realização pessoal. Eles anseiam ser reconhecidos pelas suas conquistas e se preocupam muito com a sua imagem. Sentem uma enorme necessidade de realização pessoal e estão constantemente procurando maneiras de se motivar. Têm tendência para estabelecer metas pessoais, como escalar uma montanha, ou receber um prêmio, ou organizar o evento de maior sucesso.

Os tipos motivadores também têm a capacidade de motivar os outros. Podem ser excelentes modelos a serem imitados, com a energia, o incentivo e a ambição de levar os outros consigo. Eles lideram pelo exemplo e buscam o reconhecimento para a sua equipe ou organização assim como para si mesmos. Os motivadores são líderes natos.

TESTE O SEU NÍVEL DE SATISFAÇÃO

Pense sobre cada situação e decida se ela lhe daria prazer.

- Treinar uma equipe esportiva infantil.
- Incluir uma pintura em uma exposição.
- Introduzir a aula inaugural de um curso de treinamento.
- Organizar um espetáculo beneficente no seu bairro.
- Fazer e realizar promessas de ano-novo.
- Dar idéias para elevar o moral da equipe.
- Correr uma maratona.
- Encorajar os colegas a adotar um novo procedimento que você desenvolveu.
- Representar a sua empresa em uma exposição.
- Inaugurar um clube esportivo na sua cidade.

Se você é um motivador, é competitivo e adora um desafio, especialmente se puder persuadir os outros a participar. A sua posição e o sucesso na sociedade são importantes para você porque gosta de ser o melhor e se aprimorar. As pessoas devem tê-lo em alta conta.

Se você é um motivador secundário, observe se as situações que identificou como positivas envolvem motivar a si mesmo ou às outras pessoas – isso lhe dará uma indicação dos seus pontos fortes e tendências naturais. Você provavelmente tem menos vontade de impressionar os outros ou se considerar em termos de posição social.

Se você é calmo e relaxado, está feliz com a sua maneira de ser. Você é o contrário dos motivadores, que tentam se "moldar" de acordo com o que querem que percebam deles. Com eles, você tem de cavar um pouco mais fundo para encontrar a pessoa real. A superficialidade deles pode fazer com que os motivadores percam contato com os seus verdadeiros sentimentos, portanto é preciso encorajá-los a falar sobre as próprias emoções.

CLASSIFICAÇÃO/INTERPRETAÇÃO

Conte o número de situações que lhe dariam prazer.

Se você gostaria de 8 ou mais dentre essas situações, então é um motivador.

Se você gostaria de 4 a 7 dentre essas situações, você é um motivador secundário.

Se você gostaria de 3 ou menos dentre essas situações, você é um tipo calmo e relaxado.

TIPOS SUBJETIVOS
O SEU CORAÇÃO É UM LIVRO ABERTO?

O que a palavra "romântico" significa para você? Muitos de nós pensamos nos presentes ou gestos especiais que podem demonstrar amor por um parceiro. Em 1969, Richard Burton comprou um diamante Cartier de 69,42 quilates na forma de uma pêra para Elizabeth Taylor, rebatizando-o de Taylor-Burton. Ele se tornou o símbolo público e supremo do seu amor.

O Taj Mahal na Índia é tradicionalmente associado a uma das histórias de amor mais românticas (e trágicas) de todos os tempos. O imperador mongol Shah Jahan e a sua esposa favorita, Mumtaz Mahal, eram devotados e inseparáveis, mas ela morreu logo depois de dar à luz o seu décimo quarto filho e Jahan ficou tão pesaroso que criou o Taj Mahal como um mausoléu em memória dela.

A personalidade romântica é muito mais do que o amor pelo romance. Conforme você deve imaginar, os tipos românticos são pessoas emotivas, que têm sentimentos profundos e são muito sensíveis. Costumam trabalhar com algo que tenha a ver com as suas habilidades criativas, artísticas e dramáticas. As pessoas românticas não só demonstram as suas emoções como gostam de discutir a respeito, ouvindo e sendo honestas sobre elas e sobre as suas necessidades emocionais. Podem ser temperamentais e caprichosas, porém, esperando que os outros aceitem os seus hábitos e humores. Os românticos são bons nos serviços domésticos, com uma queda pelo projeto e criação de ambientes bonitos e refinados.

ROMÂNTICO **109**

TESTE O SEU LADO AFETUOSO

Observe esses brinquedos infantis. Demore alguns instantes em cada imagem e deixe os pensamentos vaguearem. Qual brinquedo o atraiu mais?

CLASSIFICAÇÃO/INTERPRETAÇÃO

Qual brinquedo é o seu favorito?
Você o escolheu porque:
Ele fez você evocar fortes emoções? Se você escolheu o brinquedo por causa da imagem dele ou dos sentimentos que evocou, você é um romântico.
Ele é tanto atraente quanto funcional? Se você escolheu o brinquedo porque ele é tanto atraente quanto funcional, você é um romântico secundário.
Ele é funcional, prático e útil? Se você escolheu o brinquedo porque ele é funcional, você é do tipo não sentimental.

Se você é um romântico, é ótimo com as pessoas porque é intuitivo, emocionalmente capaz e comunicativo. Acha difícil aceitar críticas, embora possa ser crítico e duro consigo mesmo. Gosta de estar cercado de coisas bonitas e elegantes, e adora dar o seu toque pessoal no trabalho, em casa e na vida.

Se você é um romântico secundário, isso significa que, embora aprecie as características estéticas dos objetos, também se preocupa com o seu lado prático. Você é uma pessoa menos emotiva e passional do que o romântico por excelência, e é provável até que mascare ou negue os seus sentimentos. Você é uma pessoa com os pés no chão e realista.

Se você não é sentimental, é uma pessoa mais materialista, que não se emociona com facilidade. Considera as pessoas românticas emotivas e tende a se afastar delas quando fraquejam. É capaz de dar tempo aos românticos para que melhorem de humor, mas deixa claro que estará disponível quando quiserem conversar. Não se sente atraído por manipulações pelo humor nem age com segundas intenções.

TIPOS SUBJETIVOS
VOCÊ EXERCITA OS SEUS NEURÔNIOS?

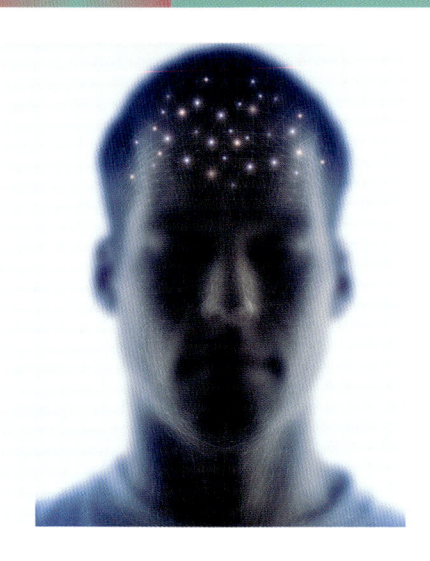

Os pensadores não se cansam nunca de aprender e fazer experiências, especialmente sobre assuntos especializados ou técnicos. Eles gostam de entender em detalhes, passar um tempo pesquisando e seguir a sua curiosidade seja para onde for. Eles são altamente analíticos e preocupados com descobertas, e muitas vezes ignoram as limitações de tempo e deixam os relacionamentos em segundo plano. Também têm tendência para se afastar dos outros quando se absorvem em uma tarefa ou projeto, e podem parecer misteriosos e solitários. No limite da sua capacidade, os pensadores são precursores visionários – sensíveis, inovadores e intelectualmente rigorosos – contribuindo com novas idéias e uma visão em profundidade nas suas obras.

TESTE A SUA CAPACIDADE DE APRIMORAMENTO

O perfil arquetípico do pensador é o de um inventor, alguém que é capaz de considerar um problema de outro ângulo, ou pensar em uma nova aplicação para as coisas ou numa maneira diferente de fazê-las. Um exemplo notável foi Henry Ford (1863-1947). Ele fundou a fábrica de automóveis Ford em 1903 com o objetivo de fabricar "um carro para o grande público" e produziu o Modelo T. Ele atingiu o seu objetivo assim:

- Reduziu o tempo de produção de um chassi completo de 728 minutos para

PENSADOR 111

CLASSIFICAÇÃO/INTERPRETAÇÃO

Você achou essa atividade fácil? Você gostou do desafio de pensar num problema de maneira diferente? Se for o seu caso, então você é um pensador primário.

Você começou a atividade mas ficou preso em um pensamento de rotina? Se for esse o caso, você é um pensador secundário.

Você nem mesmo pensou em começar a atividade, e ficou tentado a virar a página? Você é provavelmente uma pessoa prática.

---

93 minutos, inventando uma linha de montagem em movimento, usando a divisão de trabalho e coordenando as operações.
- Pagando 5 dólares por dia aos funcionários, o dobro do salário oferecido pelas outras fábricas.
- Encurtando a jornada de trabalho de 9 para 8 horas ao dia – promovendo uma jornada de três turnos na fábrica.

Pense em uma situação na sua vida ou com a qual se deparou que precise ser melhorada. Pode ser a organização de um festival no bairro, o tempo de espera no supermercado para passar as compras no caixa ou os engarrafamentos de trânsito durante o horário de pico. O que você faria para melhorar essas coisas?

Se você é um pensador primário, observa tudo com extraordinária perspicácia e sensibilidade: nada escapa à sua atenção! Você tem boa concentração e adora aprender e obter conhecimentos. Às vezes as suas inovações são um pouco exageradas para os outros, que podem considerá-lo um pouco extravagante ou excêntrico.

Se você é um pensador secundário, experimentou a atividade mas achou-a mais difícil do que pensava, então tem as características básicas de um pensador, mas gosta da companhia dos outros demais para mergulhar tão profundamente em um problema. Pode ser que faça inovações e invenções trabalhando em equipe com amigos e colegas.

Se você é uma pessoa prática, é alguém que está enraizado na realidade. Deve achar que os pensadores que conhece tendem a se refugiar em si mesmos quando estão absortos em uma atividade ou tarefa, o que tem os seus aspectos negativos. Em casa, isso pode levar a um distanciamento emocional e a um mundo interior incrivelmente complexo que não é compartilhado com você nem com os demais familiares. No trabalho, os perigos são a arrogância, a falta de comunicação com os colegas e a hostilidade intelectual. Se você tem consciência dessas tendências, pode ajudar o pensador a sair um pouco dessa solidão.

TIPOS SUBJETIVOS

OS OUTROS PODEM CONTAR COM VOCÊ?

Fidelidade é uma palavra muito usada em círculos empresariais: toda empresa quer ter clientes fiéis, aqueles que retornam regularmente, confiam na empresa para cumprir as suas promessas e distribuem comentários positivos sobre a empresa entre os amigos e vizinhos. Pode ser que você seja detentor de um "cartão de fidelidade" de uma loja, que lhe oferece algumas vantagens como um cliente leal.

A fidelidade em termos de personalidade é valorizada por todos nós como uma indicação de caráter. Os amigos e parceiros leais nos fazem sentir seguros, especiais e apoiados. Os leais constituem um tipo de personalidade cujo temperamento é motivado pela lealdade: são leais aos outros e precisam obter demonstrações de lealdade em troca. Eles precisam confiar nas pessoas mais próximas e sentir-se seguros e apoiados na vida pessoal e profissional. Quando essa segurança acontece, eles são amigos, companheiros e colegas amáveis, interessantes e afetivos. Os leais formam vínculos profundos com os outros e são dedicados às pessoas e movimentos em que acreditam profundamente.

TESTE O SEU ESPÍRITO COMUNITÁRIO

Há muitas outras espécies, além da humana, que dependem de apoio e o apreciam. Leia atentamente esses comentários sobre as abelhas e decida que categoria de abelha se parece mais com você.

Categoria A: abelhas que vivem em grandes e permanentes famílias, ou colônias, em que a rainha e as castas trabalhadoras constituem estruturas nitidamente diferentes, cada uma especializada nas suas atividades peculiares e incapazes de sobreviver sem a outra. Essas abelhas constroem e mantêm a sua colmeia, alimentam e cuidam dos descendentes e armazenam mel e pólen para se alimentar.

Categoria B: abelhas que vivem em colônias menores de duas a sete abelhas da mesma geração; uma é a rainha, ou a principal encarregada da postura dos ovos, e as outras as trabalhadoras. Essas espécies constituem colônias temporárias que normalmente se dividem no outono, sendo que apenas as rainhas fertilizadas sobrevivem ao inverno. As mamangavas são um exemplo comum.

CLASSIFICAÇÃO/INTERPRETAÇÃO

O interessante nas abelhas é que algumas espécies são totalmente sociáveis, vivem em grandes colônias, ao passo que outras são semi-sociais, vivendo em pequenas colônias ou em colônias temporárias. A maioria das abelhas, contudo, é na verdade solitária.

Se você escolheu a Categoria A, é uma abelha social e um leal primário, constituindo laços permanentes, confiáveis e mutuamente interdependentes com os outros.
Se você escolheu a Categoria B, é uma abelha semi-social e um leal secundário – cooperador e responsável, mas independente.
Se você escolheu a Categoria C, é uma abelha solitária e um tipo mutável, auto-suficiente e autônomo.

Categoria C: abelhas fêmeas acasaladas, cada uma fazendo o próprio ninho em uma toca e armazenando provisões para as suas larvas. Essas abelhas tendem a ser específicas a determinadas flores, assim, tão logo a estação daquela flor termina, essa abelha morre com a interrupção da sua fonte de alimento.

Se você é um leal primário, é uma pessoa essencial na sua comunidade: responsável e trabalhador incansável, encorajando o espírito de cooperação. Precisa do apoio e da segurança das amizades e com isso, por sua vez, consegue obter o melhor dos outros. Sem esse suporte psicológico você se sente inseguro, ansioso e instável.

Se você é um leal secundário, isso significa que os pontos fortes e fracos dos leais são menos amplificados na sua personalidade. Você se apóia um pouco mais em si mesmo e tem uma força interior que não depende tanto da contribuição dos outros, mas você não é tão dedicado, abnegado ou positivo como um leal rematado.

Se você é independente, pode parecer inconstante. Fazer parte de um grupo não é tão importante para você, embora os leais que você conhece realmente dependam das outras pessoas. Sem esse apoio social, eles questionam o próprio valor e podem se tornar autodestrutivos. Você obtém o máximo dos leais encorajando-os e confortando-os.

TIPOS SUBJETIVOS
VOCÊ TEM INTERESSES VARIADOS?

Entusiasta é um termo muitas vezes aplicado a alguém que é um apaixonado por alguma atividade de lazer. Alguém assim sabe quantas alegrias e prazeres um passatempo assim acrescenta à sua vida. A maioria desses passatempos oferece oportunidades de aprender novas habilidades que contribuem para a nossa experiência de vida, além de aprimorar a nossa personalidade, tornando-nos pessoas mais interessantes de se conhecer. Para alguns praticantes dessas atividades, o que eles fazem é uma vocação; para outros, é simplesmente uma fonte de um prazer considerável. A pessoa pode usar os seus interesses no lazer como um meio de relaxar ou de se distanciar das suas atividades mundanas. A importância terapêutica das atividades de lazer é bem reconhecida – as pessoas relaxam quando se envolvem nessas atividades. O retorno não é apenas o resultado do passatempo – essas pessoas também têm entusiasmo, solucionam problemas com criatividade, sentem mais prazer em viver e experimentam uma grande satisfação pessoal.

TESTE O SEU ANIMAL DE NASCENÇA

Os horóscopos chineses baseiam-se em doze animais diferentes que juntos refletem todo o espectro do comportamento humano. O seu animal influencia a sua psique, a sua personalidade e as suas ações. Tradicionalmente, o seu animal é determinado pelo seu ano de nascimento, mas uma interpretação alternativa e intuitiva é escolher o animal com que você se identifica mais.

Três animais do horóscopo chinês em particular refletem o espectro do entusiasmo, no sentido da palavra relativo à personalidade. Observe cada imagem de uma vez e então observe que animal o atrai mais. O sentimento de identificação com um determinado animal pode acontecer imediatamente ou pode demorar vários minutos. Você pode deixar a sua decisão ao acaso, uma vez que nem todos os doze animais do horóscopo chinês fazem parte do teste.

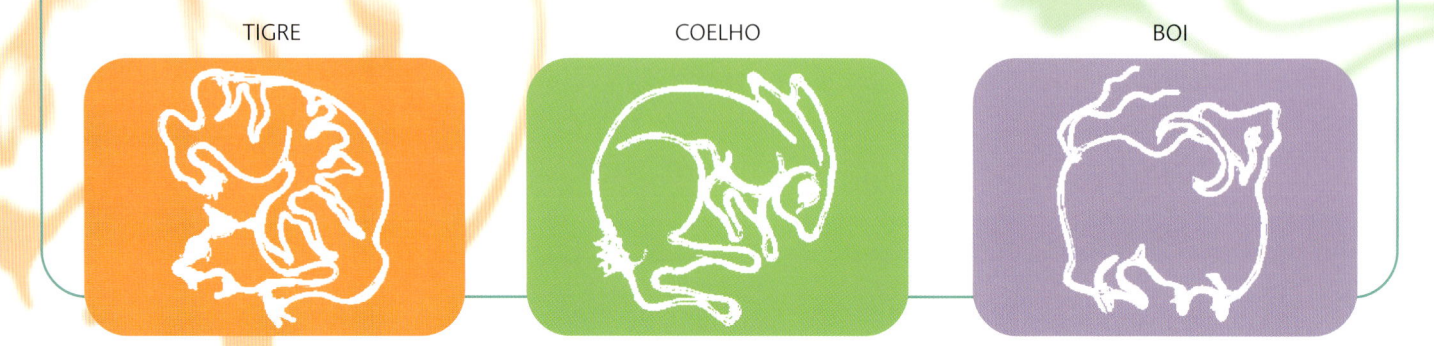

TIGRE   COELHO   BOI

Os tipos de personalidade entusiasta compartilham muitos dos traços de personalidade dessas pessoas que têm passatempos interessantes. São pessoas atarefadas e divertidas, entusiasmadas pela vida e por novas experiências. São animadas e inquietas, mais maleáveis emocionalmente, práticas e produtivas. Os entusiastas têm facilidade de realizar os seus objetivos; têm uma variedade de talentos e tendem a fazer bem uma variedade de coisas. Adoram conhecer as inovações e novas tendências, e podem ser consumidores compulsivos. O perigo no seu caso é o medo de ficar entediado, então podem ter dificuldade de se concentrar em tarefas mundanas, ou acompanhar uma idéia até o fim.

Como entusiasta, é muito provável que você tenha pelo menos uma atividade de lazer e também deve ter desfrutado de uma série de interesses no passado, mudando de uma atividade para a outra. Pode achar esse padrão repetido no trabalho ou na carreira; precisa de um desafio e se dá bem desenvolvendo novas habilidades e obtendo novos conhecimentos.

Se você é um entusiasta secundário, ainda gosta de novas experiências, mas aprecia o que tem e tende a ficar com o que conhece. Provavelmente, não se consideraria uma pessoa extrovertida, embora goste da companhia de pessoas animadas e interessantes.

Se você é mais fleumático, pode parecer indiferente, despreocupado e apático. Pode agir de uma maneira que deixe os entusiastas meio decepcionados ou isolados. Eles têm uma alegria de viver contagiosa, que você pode não apreciar e pode considerá-los hiperativos e difíceis de conviver.

CLASSIFICAÇÃO/INTERPRETAÇÃO

Se você escolheu o Tigre, é basicamente um entusiasta. Você é entusiasmado, cheio de energia, cordial, sincero, magnético, otimista e animado. Também pode ser agitado, inquieto, arrojado e exigente.

Se você escolheu o Coelho, é um entusiasta secundário. Você é diplomático, feliz, tolerante, honesto, prudente e atencioso. Também pode ser superficial, pedante, ardiloso e sentimental.

Se você escolheu o Boi, é mais fleumático – responsável, leal, metódico, confiável, autoconfiante e prático. Também pode ser vagaroso, convencional, orgulhoso e teimoso.

TIPOS SUBJETIVOS
OS OUTROS SEGUEM VOCÊ?

Somos capazes de nos lembrar de homens e mulheres que foram grandes líderes, embora os nomes que primeiro venham à mente tendam a ser de políticos, religiosos ou líderes empresariais no cenário mundial. Essas pessoas têm um perfil de destaque e demonstram claramente as habilidades fundamentais da boa liderança: vencer sob pressão, uma visão clara da organização, estado ou país, e a capacidade de encarar positivamente um desafio. O papel da inteligência emocional na liderança é decisivo também: a crítica construtiva, as opiniões e os elogios são todos instrumentos fundamentais para a motivação do pessoal e o aumento do seu desempenho.

Todos também tivemos grandes chefes – pessoas que nos fizeram sentir valorizados, compreendidos e que proveram uma cultura de mudanças positivas – e gerentes desagradáveis, pessoas que faziam críticas negativas, alardeavam os próprios méritos e eram desleais.

Os líderes como tipo de personalidade têm uma visão clara do que querem conseguir e a força de vontade para fazer acontecer. Eles tomam decisões difíceis e consideram os problemas graves simplesmente como desafios e obstáculos a ser superados. Adoram estar no controle e têm dificuldade de delegar tarefas ou compartilhar a liderança. São defensores das pessoas, protegendo e valorizando-as, mas podem também ser intimidadores quando querem as coisas à sua maneira. Na sua melhor expressão, os líderes são magnânimos e generosos, usando a sua força para melhorar a vida dos outros.

Os bons líderes precisam ser postos à prova, e têm êxito sob pressão porque ela lhes dá uma oportunidade de provarem quem são de verdade. A pressão sob a qual vivem os líderes tem paralelos no mundo natural, na formação das rochas. Como acontece com as rochas, a pressão nos provoca reações e molda o nosso caráter.

TESTE O SEU NÍVEL DE RESPONSABILIDADE

Escolha as 5 afirmações que mais se aplicam a você.

1. Gosto de converter os planos em realidade.
2. As pessoas me observam.
3. Gosto de trabalhar em equipe.
4. Fico desapontado com as pessoas que não conseguem tomar decisões.
5. Gosto de um ambiente sossegado e descontraído.
6. Trabalho melhor sob pressão.
7. Tenho dificuldade em criticar os outros.
8. Gosto de me pôr à prova.
9. Tendo a pedir orientação quando estou em dificuldade.
10. Eu estabeleço os meus objetivos.

CLASSIFICAÇÃO/INTERPRETAÇÃO

Se as suas afirmações preferidas são todas pares, você é um líder primário.

Se as suas afirmações preferidas incluem entre 2 e 4 de número par, você é um líder secundário.

Se as suas afirmações preferidas incluem uma ou nenhuma de número par, você provavelmente é um apoiador.

Se você é um líder, é assertivo, confiante e forte, capaz de defender os seus direitos e os dos outros. Gosta de ser o chefe e espera que as outras pessoas o apóiem e sigam a sua liderança. Pode ser intimidador e combativo, e não gosta de recuar nem de ter a sua autoridade questionada. É corajoso e competente, com uma atitude solícita e expedita.

Se você é um líder secundário, provavelmente exibe as características pessoais de um líder – é confiante, decidido e tem um apaixonado "impulso interior" – mas menos características interpessoais da liderança, como a de defender os outros e comandar as pessoas, ou tentar quebrar as leis. Você é empreendedor, individualista e determinado.

Se você é um apoiador, tende a buscar orientação e instruções com os outros e pode sentir-se desgostoso se ficar desapontado com a capacidade deles. Os líderes na maioria das vezes são vulneráveis quando se sentem desafiados ou contrariados, portanto você pode evitar perder pontos sendo franco e sincero – mas em particular – se tiver um desentendimento. Desperte o lado magnânimo dos líderes encorajando-os a desenvolver e a incentivar aqueles que precisam de ajuda.

QUAL É A SUA DEUSA EGÍPCIA?

Os antigos egípcios acreditavam em muitas deusas (e deuses) diferentes – mais de 2.000 ao todo. A adoração das divindades ocupava grande parte da vida no antigo Egito, porque as pessoas acreditavam que era importante reconhecer, venerar e agradar esses deuses e deusas para que a vida fosse mais fácil. As deusas "oficiais" do Estado eram veneradas pelo faraó e pelos sacerdotes em grandes templos; outras deusas eram veneradas pelo povo em geral no próprio lar. Acreditava-se que as deusas domésticas protegiam as pessoas dos perigos da vida diária, como picadas de escorpião, ataques de crocodilo e os rigores do parto. Muitas deusas tinham uma série de funções e eram combinadas entre si das maneiras mais variadas. Elas também podiam apresentar as formas mais disparatadas: uma deusa podia ter cabeça de vespa e corpo de hipopótamo. As deusas se distinguiam dos deuses pelas suas pernas: eram representadas com as pernas unidas, ao passo que os deuses se apresentavam com as pernas separadas.

 Algumas deusas participavam da criação, outras ofereciam proteção e algumas cuidavam das pessoas depois da morte. Outras eram divindades locais que representavam a cidade, ou deusas menores que representavam plantas e animais. Todos os aspectos da vida diária eram representados por essas divindades e, assim como os seres humanos, elas tinham família, casavam-se e tinham filhos. A sua personalidade era constituída de forças divinas e fraquezas humanas, assim as pessoas comuns se identificavam com elas. Algumas eram mesquinhas e vingativas; outras tinham um péssimo gênio e se zangavam com facilidade. Também faziam a maioria das coisas que as pessoas comuns faziam, como plantar, caçar, beber, festejar e até morrer.

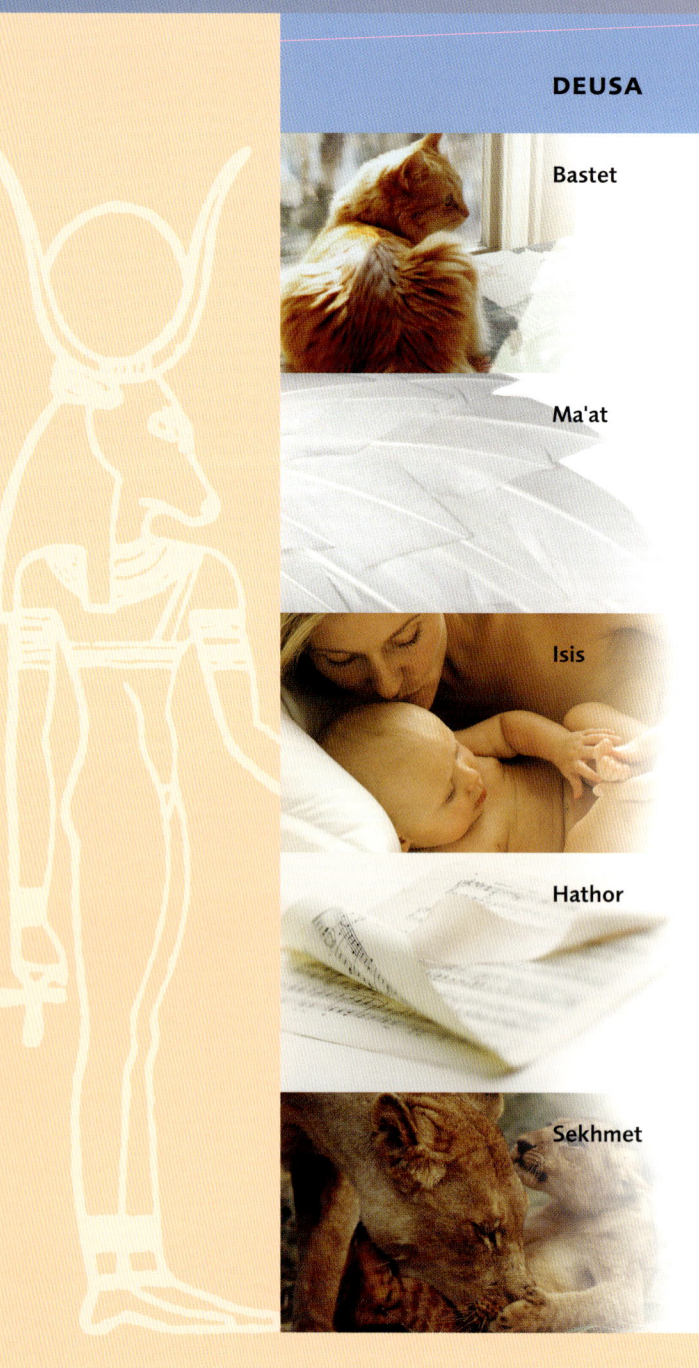

DEUSA

Bastet

Ma'at

Isis

Hathor

Sekhmet

CARACTERÍSTICAS	SIGNIFICADO PROVÁVEL
Protegia as mulheres grávidas e era patrona do canto, da música e da dança. Protetora do amor, da alegria e do prazer. Normalmente considerada como uma deusa gentil e protetora. Representada de várias maneiras: cabeça de leoa, uma mulher com cabeça de gato ou um gato sentado.	Proteção, amor, contentamento, prazer, tempo de lazer, passatempos, relaxamento.
Deusa da verdade, da justiça e da harmonia. Representava os bons ideais espirituais e o comportamento ético. Era associada ao equilíbrio das coisas sobre a Terra. Representada com a pena da verdade no cabelo.	Força interior, crença em ideais, veracidade, julgamento dos outros, religiosidade, espiritualismo.
Uma deusa protetora que usava encantamentos mágicos poderosos para ajudar as pessoas necessitadas. Representava o amor, a magia, a maternidade, os filhos, a medicina e a paz. As pessoas pediam-lhe felicidade no casamento. As suas representações mostram associações com um trono.	Amor, mal-estar e bem-estar, maternidade, casamento, filhos, dedicação.
Patrona da música e da dança. Imagem maternal. Protege o faraó e o ajudava na sua chegada ao outro mundo após a morte. Ligada a lugares estrangeiros. Representada com orelhas de vaca ou adornada com chifres e um disco solar na cabeça.	Criação dos filhos, infância, viagens ao exterior, pessoas de outros países, idiomas, música e dança.
A deusa da guerra, com o poder de destruir os inimigos do Egito, matando-os com os raios do sol. Às vezes ligada à cura. Era mostrada como uma mulher com a cabeça de uma leoa para mostrar a sua capacidade de ser feroz.	Discussões, franqueza, força, honestidade catártica, trivialidades.

O que uma deusa pode fazer por mim?

Uma deusa que reflete a sua personalidade mantém as suas forças espirituais e lhe dá alento. Ela pode indicar aspectos da sua personalidade que precisam ser melhorados e mostrar um caminho para o seu crescimento.

Você pode incorporar a "sua" deusa na sua vida de muitas maneiras. Eis algumas idéias:

- Cada deusa está associada a um animal ou objeto. Use-o como um adereço no pescoço ou no pulso, ou use-o como tema para uma coleção de objetos na sua casa.
- Use o nome da sua deusa como um mantra ao meditar ou quando se sentir tenso.
- Descubra mais sobre a sua deusa. Experimente digitar o nome dela em um mecanismo de busca da Internet. Será que ainda existem templos dedicados a ela? Ela era alvo de cultos? A quais deuses e deusas ela era relacionada?
- Encontre uma pintura ou escultura da sua deusa e exponha na sua casa.

TIPOS SUBJETIVOS

PAZ OU GUERRA, O QUE VOCÊ ESCOLHE?

A paz geralmente tem conotações políticas: embora a história seja marcada por conflitos insolúveis entre povos e nações, alguns dos quais arrastando-se por séculos, outros conflitos, de curta ou longa duração, foram resolvidos apesar das dificuldades, normalmente graças à atuação de um personagem decisivo.

Os pacificadores na política ouvem e tentam entender um conflito de ambas as perspectivas. Eles são escrupulosamente imparciais, generosos, justos e confiáveis. Os pacificadores são pacientes, perseverantes e receptivos, conscientes do passado mas olhando para o futuro com esperança.

Do ponto de vista da personalidade, os pacificadores têm em comum muitas dessas características. Exercem uma influência harmonizadora e conseguem aproximar as pessoas. Parecem exercer um efeito calmante sobre as partes contrárias e são bons mediadores, comunicadores e sintetizadores de assuntos estratégicos.

Os pacificadores não estão preocupados apenas com a harmonia no seu ambiente – eles também buscam a paz de espírito. Tendem a ser generosos, desinibidos, afáveis e de bem com a vida e consigo mesmos. Procuram evitar conflitos e tensão, para preservar as coisas como elas são, e resistem a quem possa irritá-los ou perturbá-los. O lado menos favorável do seu comportamento é que tendem a ser sonhadores e buscar incansavelmente por soluções mágicas.

TESTE AS SUAS REAÇÕES NAS RELAÇÕES PESSOAIS

Observe estas imagens de pessoas interagindo. Concentre-se em cada imagem por alguns segundos e tome nota dos sentimentos que despertam em você e dos pensamentos que evocam na sua mente.

Se você é um pacificador, sente-se ligado aos outros e precisa resolver todos os desentendimentos, porque odeia ver desarmonia. Os seus pontos fortes residem em negociar a paz entre partes em conflito. No entanto, cuidado ao tentar alcançar a paz pessoal a qualquer custo – você tem uma tendência para evitar o conflito nos seus relacionamentos e não questiona com medo de uma reação negativa.

Se você é um pacificador secundário, isso pode se demonstrar seja no seu anseio por uma paz interior, seja pela sua capacidade de ajudar os amigos, familiares ou colegas a superarem as suas diferenças. Não sendo um pacificador primário, poderá haver situações em que você simplesmente não vai querer se envolver.

Se você é mais um confrontador, provavelmente sente-se à vontade com a discórdia e o debate. Os pacificadores, por outro lado, tentam poupar os sentimentos dos outros e nem sempre falam a verdade. Eles são o tipo de personalidade ideal para convidar para um projeto em que haja um choque de personalidades, porque sabem como acalmar os pêlos eriçados com a sua influência benéfica e suavizante, mas precisam de estabilidade e não reagem bem às mudanças, o que os torna inseguros.

CLASSIFICAÇÃO/INTERPRETAÇÃO

Quais posições e opiniões são mais semelhantes aos seus pensamentos e sentimentos?

a) Você se perturbou com as imagens de discórdia – indagando-se o motivo das discussões? Teve vontade de invadir a cena e tentar resolver as diferenças? Em caso afirmativo, você é basicamente um pacificador.

b) Você ficou neutro diante das cenas – o que quer que estejam discutindo não tem nada a ver com você? Em caso afirmativo, você pode ser mais um confrontador.

c) Nem "a" nem "b" – digamos no meio. Se esse é o seu caso, você é um pacificador secundário.

TIPOS SUBJETIVOS

O SEU PERFIL DOS TIPOS SUBJETIVOS

Se você fez todos os testes relativos aos tipos subjetivos, pode agora computar os seus resultados para obter uma visão geral da sua personalidade "subjetiva", como você pensa, sente, aprende e ama. Circule os quadros respectivos dos seus resultados nos testes e depois adicione o total dos itens circulados em cada coluna: A, B e C.

	A	B	C
Págs. 100–101	Satisfeito com a Situação Atual	Reformador Secundário	Reformador
Págs. 102–103	Mentor Primário	Mentor Secundário	Evita Interferir
Págs. 106–107	Calmo e Relaxado	Motivador Secundário	Motivador
Págs. 108–109	Romântico	Romântico Secundário	Não Sentimental
Págs. 110–111	Pessoa Prática	Pensador Secundário	Pensador Primário
Págs. 112–113	Leal Primário	Leal Secundário	Independente
Págs. 114–115	Entusiasta	Entusiasta Secundário	Fleumático
Págs. 116–117	Apoiador	Líder Secundário	Líder
Págs. 120–121	Pacificador	Pacificador Secundário	Confrontador
Total			

CLASSIFICAÇÃO

Se você teve a maioria dos itens circulados na coluna A, então tem uma boa rede de contatos.

Se você teve a maioria dos itens circulados na coluna B ou um número igual em duas colunas quaisquer, então é independente.

Se você teve a maioria dos itens circulados na coluna C, então é um líder.

INTERPRETAÇÃO

Rede de Contatos

Você tem uma extraordinária capacidade interpessoal, mas precisa se sentir amado para expressar os seus sentimentos aos outros e gosta de ser valorizado. Você é intuitivo, capaz de interpretar uma situação e de reagir e se expressar à altura para obter os melhores resultados para todos os envolvidos. Você adora trabalhar com os outros, descobrindo novas amizades e participando da sua comunidade.

Os seus pontos fracos referem-se também aos seus relacionamentos com os outros. Você realmente precisa da segurança e do apoio das amizades e sem elas sente-se inseguro, ansioso e instável. Tem dificuldade para lidar com as críticas e tem uma tendência para evitar conflitos e questionar a situação a qualquer custo, porque não quer perder um amigo ou um colega estimado.

Líder

Consciencioso e honrado, as pessoas geralmente têm uma ótima opinião a seu respeito. Você é concentrado e a sua personalidade é motivada por uma atitude introvertida e um tanto egocêntrica em relação à vida. Você é competitivo, seguro de si e adora desafios. Como não sente necessidade de ter a simpatia de todo mundo com que trabalha, as pessoas o consideram um líder nato. Você é corajoso e competente, com uma atitude solícita e expedita.

Qual é o seu lado negativo? Você sente que a sua maneira de agir é a melhor e pode ser intimidador e combativo. Não gosta de recuar ou ter a sua autoridade questionada e sente-se desapontado quando as pessoas não compartilham as suas crenças e valores. Pode recorrer à força para realizar mudanças ou ter acatadas as suas decisões, e precisa se empenhar bastante para melhorar as suas "habilidades interpessoais".

Independente

Você gosta da companhia das outras pessoas, mas precisa de um tempo sozinho para recarregar as suas baterias. Você provavelmente não se consideraria extrovertido, embora aprecie a companhia de pessoas animadas e divertidas. É uma pessoa confiante e determinada, e não sente necessidade de impressionar ninguém, nem se preocupa em se valorizar em termos de posição social. Não é uma pessoa emotiva e é capaz de mascarar ou negar os seus sentimentos de acordo com a situação.

Quais são os seus pontos fracos? Bem, embora goste de fazer parte de uma equipe, não é realmente muito capaz de obter o melhor das pessoas. Tem uma tendência para a superficialidade, passando rapidamente de uma idéia ou pessoa à seguinte, sem se aprofundar muito em nada, também não sentindo muito intensamente e se perdendo em detalhes. Você pode apegar-se aos artifícios de alguém como um meio fácil de conseguir alguma coisa ou de ser notado.

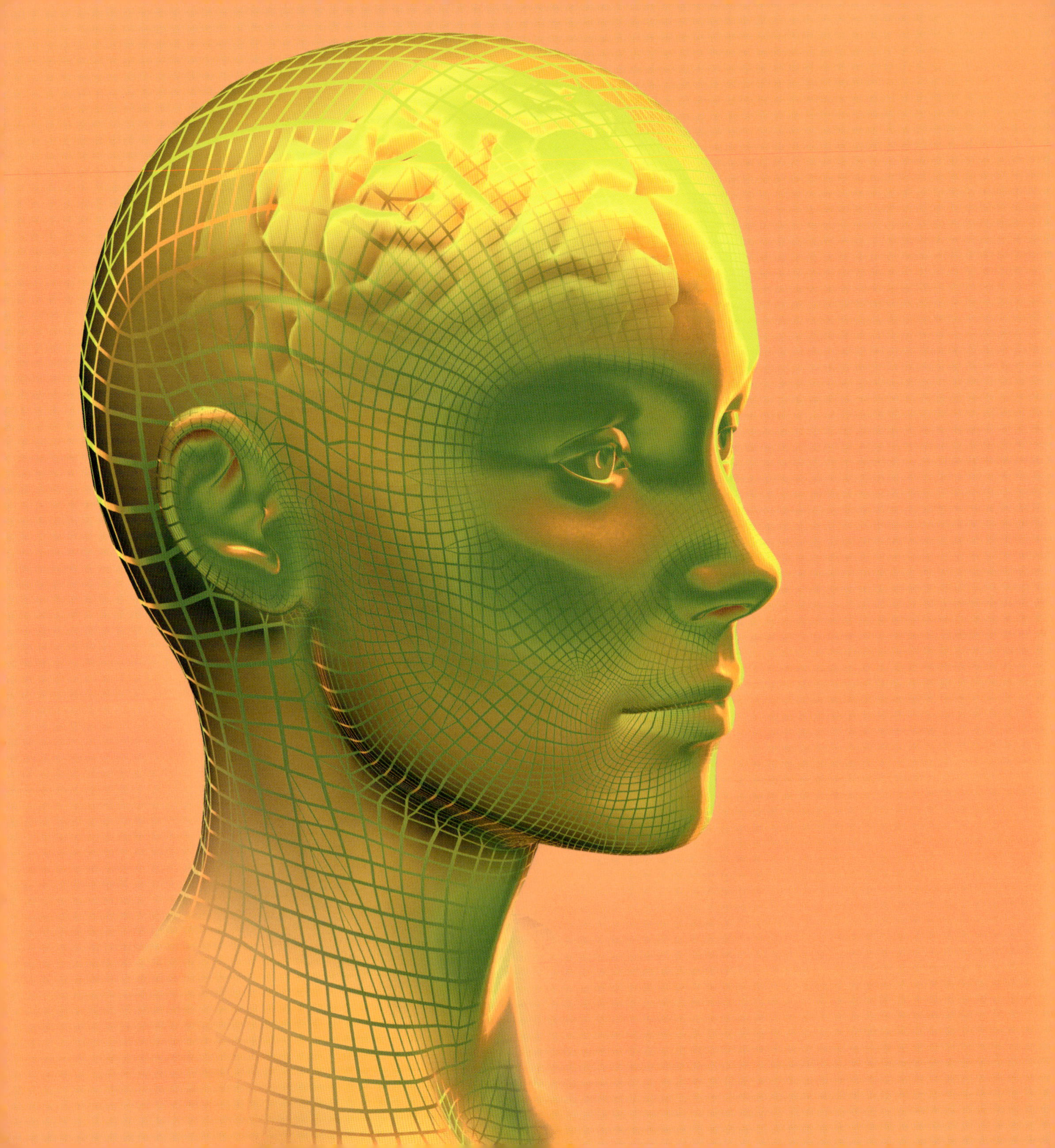

PARTE 4

TIPOS OBJETIVOS

TIPOS OBJETIVOS

O QUE SÃO TIPOS OBJETIVOS?

A personalidade é uma caracterização tão ampla da nossa *persona*, ou psique, que os psicólogos buscam há séculos encontrar maneiras de classificá-la e defini-la. Os dois métodos principais são pelos traços e pelos tipos. As teorias sobre os tipos partem da premissa de que uma personalidade pode ser considerada como sendo constituída de muitos caracteres ou tipos diferentes. A teoria é que esses tipos são distintos e diferentes uns dos outros: você é principalmente um ou outro, nem um pouco nem muito, como acontece no caso dos traços.

Alguns dos testes de personalidade mais conhecidos no mundo para a formação de equipes baseiam-se nos tipos objetivos, ou incluem uma avaliação deles no questionário. Um desses testes é o Belbin Team Roles (Funções na Equipe, de Belbin), desenvolvido por Meredith Belbin para definir e prever o potencial sucesso de equipes administrativas. Belbin constatou que as melhores equipes apresentam uma diversidade de caracteres e tipos de personalidade. Ele definiu uma função na equipe, ou tipo, como "uma tendência para se comportar, contribuir e inter-relacionar com os outros de uma determinada maneira" e identificou nove papéis diferentes.

Partes que compõem a teoria dos tipos objetivos também tomam parte do Myers-Briggs Type Indicator (MBTI, ou Indicador de Tipos de Myers-Briggs), outro teste de personalidade famoso e popular. Divulgado como sendo utilizado por 89 das 100 maiores empresas norte-americanas da revista *Fortune* para os fins de contratação, treinamento ou formação de equipes, baseia-se no conceito de Carl Jung de que as pessoas atuam na vida de quatro maneiras principais, e o questionário força o candidato a escolher entre duas opções opostas até chegar ao perfil pessoal (Introversão/Extroversão, Intuição/Racionalidade, Pensamento/Emoção, Análise/Percepção), assim você pode ser classificado como uma mescla dessas categorias.

Uma das críticas às teorias dos tipos é que elas colocam as pessoas em caixas ou escaninhos e dessa maneira simplificam excessivamente a personalidade. Os psicólogos

INTRODUÇÃO

provavelmente concordariam, mas a conveniência de conhecer seu tipo em contraste com os das demais pessoas tem garantido a crescente popularidade delas. Um único tipo é bem mais fácil de lembrar e compreender do que o seu perfil em 16 ou até 32 traços individuais! É comum entre as pessoas que conhecem o seu perfil Myers-Briggs mencioná-lo aos colegas ou até aos amigos e familiares, e com isso geralmente provocar um debate animado.

Este capítulo contém testes que avaliam seu tipo objetivo, relativos a como você pensa e sente, o que o motiva e estimula. Não deixe de ler com atenção todas as instruções dos testes, mas não demore muito pensando numa resposta ou na resposta correta – o primeiro pensamento que lhe ocorrer normalmente reflete mais precisamente a sua maneira de ser.

Você pode querer considerar se está interessado em descobrir o seu tipo apenas para se conhecer ou visando um contexto profissional. Muitas pessoas pensam e agem de maneira diferente em casa e no trabalho: em geral, a personalidade "doméstica" da pessoa é o seu verdadeiro eu, ao passo que a personalidade "profissional" reflete como essa pessoa gostaria que os outros a vissem. Você pode ser um artista no trabalho, reconhecido como muito divertido e dono de um excepcional senso de humor, mas um captador de recursos na sua vida particular, auxiliando a escola do seu bairro a levantar fundos para um novo equipamento. Estudar o seu tipo objetivo ajudará você a se conhecer melhor, assim como às suas motivações e aptidões. Quais são os papéis que você representa?

Atenção: Este capítulo contém testes de personalidade simplificados baseados na teoria dos tipos de personalidade. Não é um substituto dos questionários Belbin® ou Myers-Briggs® completos ou de quaisquer outros testes de personalidade profissionais, e os resultados não pretendem ser psicométricos ou práticos, nem equivalentes aos resultados dos questionários Belbin® ou Myers-Briggs®.

TIPOS OBJETIVOS

VOCÊ É UMA PLANTA ENGENHOSA?

Imagine uma erva daninha crescendo no seu jardim ou quintal, brotando em uma parede ou na calçada. Que tipo de traços positivos de personalidade você atribuiria a ela? Que tal auto-suficiente, oportunista, determinada, uma sobrevivente? As ervas daninhas conseguem criar raízes nos locais mais improváveis, virando-se sozinhas (elas não precisam ser regadas, certo?), e podem surpreendê-lo com a sua tenacidade e vontade de crescer, usando todos os meios disponíveis.

Agora imagine uma planta como um integrante de uma equipe. Uma planta é essencialmente alguém que é bom em alguma atividade e que gosta de resolver problemas criativamente. As plantas assumem riscos e costumam encarar as tarefas de uma maneira incomum e original. Elas ajudam a atenuar os obstáculos, mas o perigo no caso delas é que podem ficar preocupadas demais

TESTE AS SUAS REAÇÕES AO LOUVA-A-DEUS

Os bosquímanos africanos contam histórias sobre o Louva-a-Deus, um tipo de "ser superior" com as características pessoais dos próprios bosquímanos. De maneira geral, ele também personifica as Plantas: é imaginativo, corajoso, não ortodoxo e capaz de resolver problemas difíceis.

Antes de conhecer o fogo, as pessoas comiam os alimentos crus, assim como o leopardo e o leão, e passavam as noites na fria escuridão, sem o calor da luz para aquecer e iluminar as longas horas sombrias. O Louva-a-Deus notou que a comida da Avestruz tinha um aroma diferente e delicioso, então um dia esgueirou-se para junto da Avestruz, para observá-la comer. Viu a Avestruz tirar furtivamente um fogo debaixo da asa e mergulhar a comida nele. Depois de acabar de comer, ela guardou cuidadosamente o fogo outra vez embaixo da asa e afastou-se.

O Louva-a-Deus sabia que a Avestruz não dividiria o fogo com ele, então urdiu um plano. Foi visitar a Avestruz e a chamou. "Venha cá", disse. "Descobri uma árvore que dá ameixas deliciosas." A Avestruz ficou encantada e seguiu o Louva-a-Deus, comendo as ameixas mais fáceis de alcançar. "As melhores ameixas ficam no alto!", encorajou o Louva-a-Deus, e quando a Avestruz ficou na ponta dos pés, perdeu o

PLANTA | **129**

com o próprio trabalho, esquecendo-se de se comunicar quando necessário. Têm uma tendência para ignorar as eventualidades e não se preocupam em quebrar regras para conseguir realizar o que for preciso.

As plantas são valiosos integrantes de equipe se o projeto ou tarefa for difícil, ou ficar emperrado por defeitos aborrecidos. Como uma profissional, a planta é mais bem representada pela capacidade de resolver problemas. Imagine que você é o anfitrião de um jantar e de repente chega um convidado inesperado... Sair para uma viagem de automóvel e ficar preso em um engarrafamento... Descobrir por que o aspirador de pó continua entupido... Conseguir que as crianças parem de brigar e comecem a brincar... Uma planta provavelmente apareceria com soluções funcionais e originais para esses problemas.

Se você é basicamente uma planta, gosta de fazer as coisas com espontaneidade, e tem passatempos e interesses que refletem a sua criatividade e imaginação. Você é o tipo de pessoa que tem uma porção de idéias. Não aceita restrições, desculpas por inércia ou maus resultados e excesso de conversa. Acredita que, se não gosta de alguma coisa, ou ela não funciona, deve fazer algo a respeito, quaisquer que sejam as conseqüências.

Se você é uma planta secundária, poderia assumir o papel de uma planta, ou adotaria esses tipos de táticas se preciso, embora isso não aconteça assim tão naturalmente. Você se sente pouco à vontade em quebrar regras por conveniência ou para levar vantagem e é mais convencional que as verdadeiras plantas.

equilíbrio e usou as asas para se firmar. O Louva-a-Deus apoderou-se de um pouco do fogo debaixo da asa dela e fugiu.

Foi assim que o Louva-a-Deus trouxe o fogo para as pessoas. E desde então a Avestruz ficou tão envergonhada por ter sido enganada que nunca mais voou e mantém as asas junto ao corpo para preservar o pouco de fogo que lhe restou.

Você acredita que o Louva-a-Deus...
a) Fez um bom trabalho enganando a Avestruz para atingir o seu objetivo?
b) Atingiu os seus resultados finais com sucesso, mas por meios questionáveis?
c) É um trapaceiro, sem ética nem escrúpulos?

CLASSIFICAÇÃO/INTERPRETAÇÃO

Se você respondeu a, é basicamente uma planta.
Se você respondeu b, é uma planta secundária.
Se você respondeu c, provavelmente é um empreendedor ou especialista.

Se você é um empreendedor ou especialista, os seus dons caem em outras áreas, ver as páginas 136-137. Dê às plantas algo criativo para fazer e não deixe de manter abertas as linhas de comunicação, pois elas podem se esquecer de manter contato enquanto estão absorvidas com alguma coisa.

TIPOS OBJETIVOS

VOCÊ É UM COORDENADOR?

Você é uma daquelas pessoas que gostam que as suas roupas ou a mobília da sua casa combinem? Você tem acessórios que combinam, ou gosta de criar um estilo de decoração no qual cada elemento complementa os outros? Se for esse o seu caso, tudo indica que você tem um desejo e uma capacidade natos para combinar objetos, a sensibilidade de perceber o que eles têm em comum e conseguir que estejam em harmonia.

A coordenação também se aplica às pessoas. Os tipos coordenadores são ótimos para encontrar o fator comum nas pessoas e sabem estimulá-los para combiná-los. Têm uma capacidade especial de fazer as pessoas trabalharem bem em conjunto visando objetivos comuns e são bons em localizar e desenvolver aptidões pessoais. Normalmente pensamos nos coordenadores num ambiente empresarial, mas eles aplicam as suas habilidades em todos os tipos de ambiente. Isso pode acontecer ao ajudar o parceiro, cuidar dos filhos, estimular o espírito comunitário, orientar equipes esportivas ou liderar uma organização.

TESTE A SUA RECEPTIVIDADE

Considere estes objetos. Demore alguns segundos em cada imagem e deixe sua mente divagar. O que você pensou ou imaginou?

Se você é um coordenador primário, o seu talento é de ser capaz de conseguir que as outras pessoas se unam em torno de metas comuns. Você gosta de tirar o máximo das pessoas e sente-se verdadeiramente realizado com uma equipe de trabalho eficaz. Você é calmo e eficaz diante dos problemas, mas tem um lado preguiçoso que acha que, se conseguisse alguém para fazer alguma coisa em seu lugar, você deixaria.

Se você é um coordenador secundário, é bem capaz que tenha assumido o papel de coordenador de uma equipe, embora isso não tenha sucedido naturalmente. Você gosta de fazer parte de uma equipe e conseguir que ela trabalhe bem, mas provavelmente sente-se menos à vontade em liderá-la.

Se você é um empreendedor ou um especialista, as suas aptidões estão em outras áreas (veja as páginas 136-137). Mas se for o gerente de um coordenador, certifique-se de que ele está fazendo todo o trabalho que deve; se tiver um na família, dê-lhe uma tarefa de organização, em que possa aplicar as próprias habilidades.

Os coordenadores são interessados nas pessoas, maduros e confiantes. São bons em definir metas, promover a tomada de decisão, delegar e motivar os outros. Costumam ser respeitados pela sua experiência e visão ampla da vida. São excelentes para cuidar da casa, como líderes de equipe e chefes de comissões. Mas você se surpreenderia se eles não tivessem um ponto fraco, não é? Os coordenadores podem às vezes ser vistos como manipuladores porque são muito bons em conseguir que os outros façam o que eles querem e têm uma tendência para delegar o próprio trabalho ou suas tarefas para os outros em vez de se incumbir de fazê-lo.

CLASSIFICAÇÃO/INTERPRETAÇÃO

Você tentou fazer associações entre os itens, tais como notar que a caneta e a pena podem ser usadas para escrever no bloco de anotações, ou que a caneta e o carro começam ambos com a mesma letra? Em caso afirmativo, você é um coordenador primário.

Você notou que algumas associações surgiram na sua mente, mas você não procurou ligar nenhum dos itens de alguma maneira? Se foi esse o seu caso, você é um coordenador secundário.

Você se concentrou nos objetos como itens separados, talvez notando as suas cores e características ou lembrando-se de um brinquedo que adorava quando era criança? Em caso afirmativo, você é muito provavelmente um empreendedor ou um especialista.

TIPOS OBJETIVOS

VOCÊ É CAPAZ DE PONDERAR AS OPÇÕES?

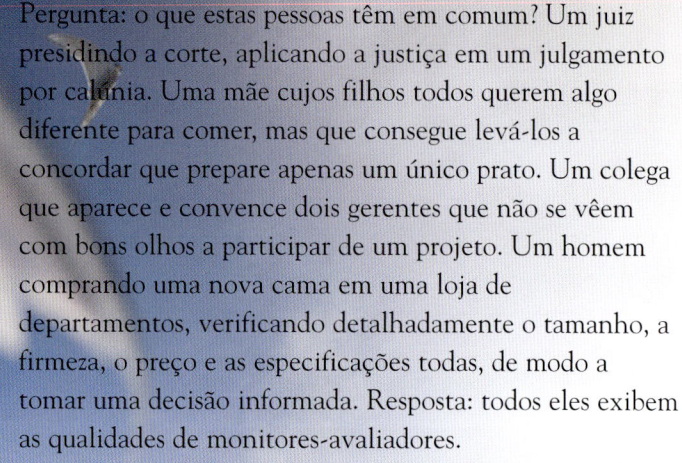

Pergunta: o que estas pessoas têm em comum? Um juiz presidindo a corte, aplicando a justiça em um julgamento por calúnia. Uma mãe cujos filhos todos querem algo diferente para comer, mas que consegue levá-los a concordar que prepare apenas um único prato. Um colega que aparece e convence dois gerentes que não se vêem com bons olhos a participar de um projeto. Um homem comprando uma nova cama em uma loja de departamentos, verificando detalhadamente o tamanho, a firmeza, o preço e as especificações todas, de modo a tomar uma decisão informada. Resposta: todos eles exibem as qualidades de monitores-avaliadores.

Os monitores-avaliadores são muito bons em ponderar os fatos, considerando com cuidado os prós e os contras de

TESTE A INTERPRETAÇÃO DO SEU SONHO

Eis alguns sonhos comuns. Reflita sobre cada situação e responda às perguntas. Anote as suas respostas.

Sonho 1 Você está voando no céu como um pássaro, observando a sua vida lá embaixo.
Pergunta A: Como você se sente?
a) Sem controle.
b) Livre.
Pergunta B: O que você acha que significa?
a) Algo relacionado a sofrer uma mudança ou não ser eu mesmo.
b) Tem a ver com fuga da realidade.

Sonho 2 Você está conversando com o seu parceiro e os seus dentes começam a se soltar da boca. Depois caem.
Pergunta A: Como você se sente?
a) Horrorizado.
b) Incapacitado.
Pergunta B: O que você acha que significa?
a) Não ser capaz de dizer o que pensa.
b) Medo de ser humilhado.

Sonho 3 Você está dirigindo à noite e percebe que voltou à casa da sua infância.
Pergunta A: Como você se sente?
a) Intrigado.
b) Assoberbado de recordações.
Pergunta B: O que você acha que significa?
a) Algo ruim em relação aos meus pais.
b) Não ser capaz de avançar na vida.

cada opção antes de chegar a uma decisão bem pensada. Esse é um processo normalmente muito objetivo, livre de influências e fatores emocionais. Eles são dotados de uma capacidade de distanciamento que pode ser decisiva em situações que envolvam emoções, mas exasperante para as pessoas envolvidas, que podem confundir essa relativa frieza com indiferença. O segredo do sucesso dos monitores-avaliadores é que eles se mantêm na retaguarda e só entram em cena quando é preciso tomar uma decisão decisiva. Em muitos casos, a falta de envolvimento com as metas da equipe facilita a tarefa do monitor-avaliador, pois lhe permite ser imparcial na tomada de decisão.

CLASSIFICAÇÃO/INTERPRETAÇÃO

Os monitores-avaliadores são bons em se recostar na cadeira e se concentrar nos fatos, em vez de deixar que os fatores emocionais influenciem o seu pensamento ou julgamento. Os nossos sonhos costumam ser extravagantes, assustadores, ou nos deixam ansiosos se interpretados ao pé da letra, mas com um pouco de distanciamento e análise, uma interpretação alternativa e não literal pode ser esclarecedora. Voar costuma estar ligado a uma necessidade de fugir da vida cotidiana e ser você mesmo, perder os dentes a ter problemas em ser ouvido ou compreendido, e rever o passado indica que você está empacado, repetindo os mesmos erros e padrões de comportamento. Os monitores-avaliadores muito provavelmente conseguem ver além do literal; outros tipos têm mais dificuldade.

Se as suas respostas tiveram 5 ou mais "b", você é basicamente um monitor-avaliador.

Se as suas respostas tiveram 3 ou 4 "b", você é um pouco analítico, com uma tendência para interpretações emotivas, e é um monitor-avaliador secundário.

Se suas respostas tiveram mais "a", você considera os sonhos emocionalmente, e muito provavelmente é um coordenador ou um artista.

Se você é um monitor-avaliador, é inteligente, perspicaz e objetivo, e é respeitado pelos seus julgamentos corretos. Não é especialmente criativo, entusiasmado ou comprometido pessoalmente, mas isso na verdade contribui para melhorar a sua capacidade de tomar decisões imparciais. Você gosta de um passatempo ou um cargo em que exerça as suas potencialidades intelectuais e analíticas.

Se você é um monitor-avaliador secundário, até pode assumir o papel de monitor-avaliador, mas essa seria mais uma decisão consciente do que uma tendência natural. Provavelmente, você não se sentiria muito identificado ou à vontade tampouco, talvez porque esteja envolvido emocionalmente demais nas coisas.

Se você é um coordenador ou um artista, a sua personalidade mostra outras tendências (ver as páginas 130 e 140). O mais importante a lembrar sobre os monitores-avaliadores, se você trabalha ou convive com um deles, é que são mais observadores do que participantes – mas, ao primeiro sinal de dificuldade, eles aparecem para ajudar a encontrar a saída.

O QUE REVELA A SUA LETRA?

Em 1875, o abade francês Jean Hyppolyte Michon cunhou o termo "grafologia", do grego *graf*, que significa "escrever", e *logos*, que implica "teoria". Embora a palavra grafologia seja relativamente recente, o assunto em si data de muitos séculos atrás, e essa técnica foi levada originalmente da Índia Meridional para a China e de lá para a Grécia em cerca de 2000 a.C.

A grafologia é essencialmente o estudo da personalidade pela análise da caligrafia. Baseia-se na premissa de que, depois que alguém aprendeu a escrever, desenvolvendo satisfatoriamente a habilidade de copiar e reproduzir de memória o formato convencional das letras, vai alterando gradualmente os formatos e tamanhos das letras (sem necessariamente reduzir a legibilidade da escrita). Isso não é feito de maneira fortuita, como se poderia imaginar a princípio, mas estritamente de acordo com o que cada um gosta ou deixa de gostar. Tem sido até mesmo constatado que, se uma pessoa perde o uso da mão com que escreve e é forçada a usar a outra mão, as mesmas tendências básicas aparecerão na sua caligrafia – assim, se você curva o "g", essa tendência acabará se manifestando seja com que mão você escrever.

A caligrafia pode variar a cada dia e, até certo ponto, reflete o humor do momento. No entanto, muitos elementos permanecem constantes e esses refletem com precisão a personalidade por trás da escrita. A grafologia também pode revelar ansiedades inconscientes, que são um fator importante e podem estar impedindo a pessoa de progredir.

"Há muito tempo que a assinatura de um homem é aceita por todas as sociedades como forma de identificar as suas transações: essa assinatura é agora aceita por lei, em duplicatas, ações e outros documentos oficiais. Quando você faz uma declaração por escrito a um Tribunal de Justiça, confirma-a com a sua assinatura. Ao escrever a sua assinatura em um cheque você dispõe do seu dinheiro. Forjar a assinatura de outra pessoa é um crime rigorosamente punido pela legislação criminal de todos os países."

Dr. Eric Singer

AS PARTES DA ANÁLISE

Ao se observar um texto manuscrito, em primeiro lugar examina-se o estilo global:

Espaço pequeno entre as palavras	Adora companhia e ter muitas pessoas ao redor
Espaço grande entre as palavras	Satisfaz-se em ficar sozinho
Letra irregular e ilegível	Brilhante, mas imprevisível
Escreve com muita pressão	Muita energia, mas pode ficar estressado
Letra grande	Sociável
Linha de base desigual	Aberto a sugestões, bom ouvinte
Inclinação mista	Tendência a ficar mal-humorado
Inclinação vertical	Direto, honesto, não muito emotivo
Inclinação à esquerda	Precisa de segurança

Depois disso, analisa-se como são construídas as letras isoladamente e como são formadas as palavras:

Voltas nas letras "g" e "j"	Atencioso e carinhoso
Traço do "t" longo	Trabalhador, determinado para o sucesso
Letras unidas	Bem organizado, não gosta de surpresas
Letras separadas	Intuitivo, sabe o que os outros estão pensando e sentindo
Letras espremidas	Tímido, preocupado em causar boa impressão
Letra de forma	Procura atenção
Traços longos como bastões	Teimoso, questionador

Finalmente, monta-se um quadro geral da personalidade.

O que a grafologia pode me "dizer"?

Tradicionalmente, a grafologia tem sido usada no recrutamento e seleção de funcionários. Algumas pessoas a consideram importante para a orientação vocacional e a terapia pessoal. Eis alguns exemplos de como essa técnica pode fornecer boas informações.

- Guarde amostras da sua caligrafia com uma certa regularidade – pode ser diariamente. Em momentos de tensão, torne a analisar a sua letra em busca de sinais de mudança. A sua letra poderá alertá-lo sobre questões que podem ter passado despercebidas.
- Reúna os amigos e compare amostras das diversas caligrafias. Interpretem os seus estilos de caligrafia e a maneira como desenham as letras, depois votem nas análises mais parecidas com a realidade.
- Você encontra amostras da caligrafia de celebridades na Internet, muitas vezes acompanhadas por interpretações de peritos em grafologia. Compare a sua análise com as deles.
- Tente escrever com a outra mão. Pratique regularmente e compare as amostras de caligrafia de ambas. Observe as semelhanças ou diferenças.

TIPOS OBJETIVOS
VOCÊ FAZ AS COISAS ACONTECEREM?

Como você se sentiria se lhe pedissem para realizar um projeto de alguém? Se lhe dessem um conceito ou idéia e lhe pedissem para transformá-lo em ações? Se você for um empreendedor, adoraria! Os empreendedores seriam de grande valia em situações como montar o guarda-roupa do novo apartamento seguindo as instruções, coordenar o levantamento de fundos anual da escola, seguir as diretrizes da empresa nos procedimentos, dirigir uma equipe de voluntários em um albergue – todas essas situações em que é preciso ser organizado, disposto a trabalhar duro e interessado nos detalhes da tarefa.

Os empreendedores são disciplinados, seguros, eficientes e têm o controle das próprias emoções. Eles seguem os planos e os processos determinados ou padronizados, e executam as suas tarefas de maneira consciente e sistemática. Preferem a ordem ou a rotina, o que pode resultar em um estilo ligeiramente inflexível ou metódico. O outro lado ruim dos empreendedores é que não têm idéias originais nem descobrem oportunidades novas; no entanto, são excelentes para implementar projetos idealizados por outras pessoas.

TESTE O SEU PAPEL NO PROCESSO

Demore alguns minutos observando esta construção e a planta do arquiteto que a acompanha. O processo começa com o cliente, a pessoa para quem o imóvel é desenvolvido. Os seus desejos, estilo de vida e fantasias são transformados em um projeto detalhado pelo arquiteto, a pessoa que transforma a idéia do cliente em planos práticos. Finalmente, o mestre-de-obras dirige a execução da construção e transforma os planos em realidade. Agora, pense no processo e imagine em que etapa trabalharia com mais naturalidade. Em que papel – cliente, arquiteto ou mestre-de-obras – a sua personalidade se encaixaria melhor?

EMPREENDEDOR | **137**

Se você é um empreendedor primário, se entusiasma em fazer as tarefas metodicamente e ser a opção final para a realização de um sonho. Você gosta de um trabalho em que já exista uma fórmula, diretrizes ou projetos, e no qual possa orientar e encorajar outras pessoas a alcançar um bom resultado. Você tem uma forte ética profissional.

Se você é um empreendedor secundário, tudo indica que gosta de fazer parte do processo de planejamento e é capaz de trabalhar em um ambiente mais caótico ao contrário do empreendedor primário. Ainda assim, trabalha contínua e sistematicamente, mas também tem um toque criativo. Demonstre esse seu lado quando for procurar emprego; as pessoas que fazem as coisas acontecer são mais procuradas.

Se você é uma planta ou captador de recursos (veja as págs. 142-143), tem outra maneira de fazer as coisas acontecerem. Quando encontrar alguém que segue as regras, empenha-se a fundo em qualquer tarefa e trabalha duro, você saberá que encontrou um empreendedor. Ele não gosta de gerar idéias novas e prefere ter parâmetros bem definidos sobre o que esperam dele.

Os empreendedores são movidos por uma forte ética profissional e geralmente são encarregados de aspectos do trabalho que outras pessoas achariam difíceis ou indesejáveis. Portanto, eles são integrantes de equipe extremamente valiosos, em especial quando ao seu lado estão pessoas mais criativas e originais.

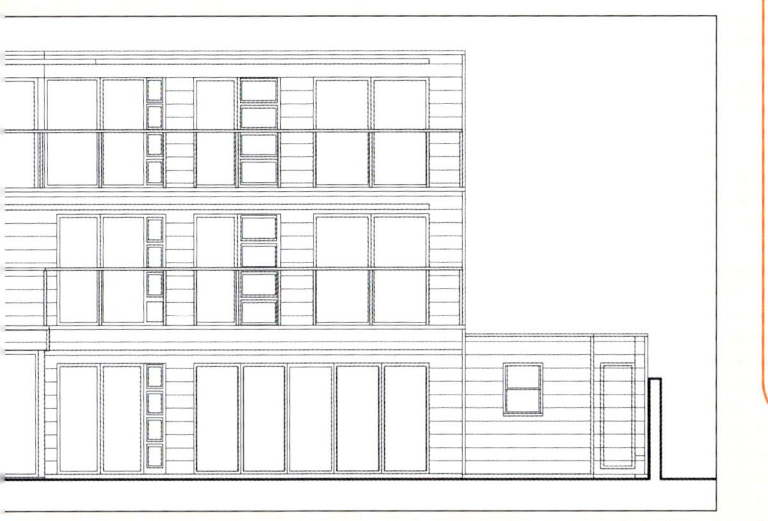

CLASSIFICAÇÃO/INTERPRETAÇÃO

Você é como o cliente – entusiasmado, inspirado por idéias novas, criativas, que não se prende ao que é realista ou prático? Se for, você não tem tendências a empreendedor e é mais provável que seja uma planta ou captador de recursos.

Você é como o arquiteto – capaz de concretizar as idéias em planos reais, incluir detalhes práticos, mas deixando que os outros realizem as coisas de fato? Se for, você é um empreendedor secundário.

Você é como o mestre-de-obras – capaz de grande organização, de orientar os subordinados, resolver os problemas e ter satisfação em realizar os projetos para alcançar um bom resultado? Se for, você é um empreendedor primário.

TIPOS OBJETIVOS
VOCÊ CONCLUI AS COISAS?

Como você se sentiria se um projeto demorado, difícil e desgastante em que estivesse envolvido fracassasse? Ficaria aliviado por não ter mais de lutar com personalidades conflitantes e prazos finais ou se sentiria profundamente frustrado por tanto tempo e esforço a troco de nada? O que você faria se estivesse seguindo uma receita e descobrisse no meio do caminho que faltava um ingrediente importante? Esqueceria tudo ou mudaria de idéia com uma receita diferente? Ou sairia voando para comprar o ingrediente que faltava para fazer a receita?

Os finalizadores-aperfeiçoadores são o tipo de pessoa que se sente enganada quando deixa de alcançar o resultado final e ideal que havia imaginado. São trabalhadores esforçados e conscienciosos e são bons em planejar e prestar atenção aos detalhes. Costumam encarar as questões de maneira lógica e metódica e são perfeitos para encontrar erros ou omissões. Cumprem o prazo e são organizados e disciplinados.

Existe algum lado negativo nos finalizadores-aperfeiçoadores? Pode apostar! Sabemos que eles são obstinados, mas há ocasiões em que se recusam a aceitar a derrota ou uma mudança de direção porque consideram isso um fracasso. Costumam relutar bastante em deixar um assunto sem resolver se tiver importância para eles. Além disso, podem ser um pouco ansiosos, quase como se não pudessem relaxar até um projeto ou tarefa ser concluído satisfatoriamente. Mas, de maneira geral, o finalizador-aperfeiçoador é uma ótima pessoa para se ter por perto.

TESTE O SEU ESTILO IDEAL

Passe alguns segundos olhando para estes desenhos, pensando no estilo das ilustrações e qual você acha que reflete melhor a sua personalidade.

FINALIZADOR-APERFEIÇOADOR | **139**

CLASSIFICAÇÃO/INTERPRETAÇÃO

Você preferiu a ilustração com mais detalhes, porque é uma representação acabada do tema? Neste caso, você é um finalizador-aperfeiçoador primário.

Você preferiu a ilustração apenas esboçada, onde a maior parte da imagem está inacabada e o desenho do pássaro é apenas "sugerido"? Neste caso, é bem provável que você seja um coordenador ou empreendedor.

Você se viu atraído pelo estilo mais impressionista, em que um pouco é deixado para a imaginação, mas a imagem ainda está bastante clara? Neste caso, você é um finalizador-aperfeiçoador secundário.

Se você é um finalizador-aperfeiçoador, é capaz de concluir as coisas, porque é organizado, observa os detalhes e segue os planos e cronogramas. Você gosta de tarefas que possa realizar até o fim e passatempos que envolvem arte e habilidades manuais, em que se obtém um produto final – a criação de um bonito objeto. Você costuma manter suas emoções sob controle e não é tão extrovertido.

Se você é um finalizador-aperfeiçoador secundário, pode assumir o papel de finalizador-aperfeiçoador dentro de um grupo ou equipe, mas não é isso que o motiva. Você pode trabalhar metodicamente e com persistência para buscar um resultado palpável, ou experimentar um atalho diferente com um sucesso espetacular, mas mais arriscado, em mente.

Se você é um coordenador ou empreendedor (veja as páginas 130-131 ou 136-137), fará as coisas de maneira muito diferente. Se tiver uma equipe ou grupo com muito entusiasmo e pouca experiência ou firmeza, escolha um finalizador-aperfeiçoador para contrabalançar.

TIPOS OBJETIVOS
VOCÊ É UM ARTISTA NO QUE FAZ?

Os esportistas, músicos e atores são todos julgados pelo seu desempenho – a maneira como se conduzem num determinado dia diante do público. Os músicos de concerto, por exemplo, usam técnicas físicas ou mentais para garantir que as suas apresentações reflitam o máximo da sua capacidade. Muitas vezes, procuram acalmar a respiração e relaxar, para assegurar que o corpo não se canse em excesso, o que pode afetar a memória e as habilidades motoras sutis. Eles se preparam mentalmente, visualizando um desempenho fantástico, onde cada nota é calculada, e recorrem a um diálogo interior animador para resguardar as energias e manter uma boa disposição.

O "desempenho notável" também envolve um tipo de personalidade. São pessoas que gostam de se apresentar em público e demonstrar as suas habilidades, esforçando-se para atingir o máximo que conseguem. Têm uma forte motivação interior e mostram o quanto valem quando é necessário um tipo de desempenho, como fazer uma apresentação importante ou organizar um evento. Têm um domínio excepcional dos seus sentidos e usam o som, os elementos visuais ou materiais para atingir os seus objetivos. Há um aspecto leviano no artista: a necessidade de ser admirado e querido. Os artistas adoram entreter os integrantes da equipe e manter o moral alto, contando piadas, cantando, ou agindo como tolos. Isso pode fazer com que pareçam irreverentes, chegando até a ser uma fonte de irritação para os outros.

TESTE SUA INCLINAÇÃO PARA REPRESENTAR

Leia atentamente as afirmações abaixo e depois classifique cada uma como "verdadeira" ou "falsa".

1. Às vezes me comporto, me visto ou falo de uma maneira diferente apenas para ser notado.
2. Adoro ser o centro das atenções.
3. Sou uma pessoa muito confiante.
4. Tenho domínio sobre o meu corpo.
5. Estabeleço as minhas metas e objetivos.
6. A vida é enriquecida pela arte.
7. Acredito que é preciso trabalhar duro e por muito tempo para obter resultados.
8. Penso na minha imagem e sobre como vou me apresentar às outras pessoas.
9. Gosto de participar de peças teatrais, espetáculos de dança ou eventos esportivos.
10. Fico muito decepcionado se alguém não gosta de mim.

CLASSIFICAÇÃO/INTERPRETAÇÃO

Se você considerou "verdadeiras" 8 ou mais afirmações – você é basicamente um artista.

Se você considerou "verdadeiras" entre 4 e 7 afirmações – você é um artista secundário.

Se você considerou "verdadeiras" 3 ou menos afirmações – a sua personalidade é mais do tipo monitor-avaliador ou finalizador-aperfeiçoador.

Se você é basicamente um artista, no fundo sabe que adora fazer bem um trabalho e ser admirado pelo seu desempenho. Precisa de uma vazão para o seu desempenho, uma vez que tende a se exibir, então tenha um passatempo ou algum interesse externo que lhe permita representar para o público. Use sua personalidade artística para aumentar o moral e elevar o espírito da equipe.

Se você é um artista secundário, tudo indica que não tenha a mesma motivação para representar que o artista nato, mas aceita o desafio com um pouco de incentivo. Talvez ache esse seu lado mais dominante em situações em que se sinta mais à vontade, por exemplo, mais socialmente do que no trabalho.

Se você é monitor-avaliador ou finalizador-aperfeiçoador, encara as situações de maneira diferente (veja as páginas 132-133 e 138-139). Desperte as potencialidades dos artistas assegurando-se de que tenham uma participação importante em um evento que envolva um certo público. Eles são bons em criar boa vontade e motivar a equipe, mas podem ficar empolgados demais, então procure manter o entusiasmo deles sob controle!

TIPOS OBJETIVOS

VOCÊ É UM BOM CAPTADOR DE RECURSOS?

Qual é o seu detetive predileto da televisão – Hercule Poirot? V. I. Warshawski? Columbo? A idéia clássica que se tem dos investigadores particulares é que eles resolvem assassinatos que frustraram os esforços da polícia, ou espionam esposas infiéis.

Na verdade, a investigação particular é um grande negócio e também é usado para pesquisar as qualificações de funcionários potenciais, revelar fraudes empresariais, localizar testemunhas, combater furtos internos e identificar falsificadores e contraventores. Os investigadores particulares devem ser criteriosos, ser peritos em compreender a natureza da situação e não ter escrúpulos em interrogar as pessoas em busca de informações. Eles sabem como ninguém lidar com as pessoas, são bem extrovertidos, sociáveis e amigáveis, e essa tendência à comunicação e aos relacionamentos lhes traz compensações.

A maioria dos investigadores particulares trabalha sozinha. Se você transplantar essa perícia investigativa para uma equipe ou grupo, obtém o tipo de personalidade do captador de recursos: em vez de ir atrás das outras pessoas, esses tipos dão excelentes captadores dos recursos necessários para se realizar um trabalho. Os captadores de recursos são altamente eficazes quando se trata de encontrar idéias e fazê-las funcionar. Eles são muito adaptáveis e, em momentos de iminente fracasso, assim como de possível sucesso, o captador de recursos fará o possível e o impossível para reverter a situação.

CAPTADOR DE RECURSOS | **143**

TESTE AS SUAS HABILIDADES ORGANIZACIONAIS

Pegue papel e lápis e escolha uma das seguintes situações. Faça uma lista de todas as opções que você tem para atingir uma meta. Quem você procuraria? Onde encontraria as informações de que necessita? Como trataria o empreendimento?

Organize uma festa de aniversário para trinta crianças de 4 anos de idade, preocupando-se com a facilidade de transporte.
Redecore o salão de uma escola usando voluntários e obtendo os materiais sem custo.
Pesquise um livro sobre coisas divertidas para fazer no seu bairro.

CLASSIFICAÇÃO/INTERPRETAÇÃO

Se você gostou da tarefa e achou-a fácil, você é basicamente um captador de recursos.
Se você gostou só um pouco da tarefa ou mal foi capaz de concluí-la, você é um captador de recursos secundário.
Se você achou a tarefa difícil, você é um finalizador-aperfeiçoador ou uma planta.

Se você é basicamente um captador de recursos, é curioso e adora explorar, além de ser um negociador habilidoso. O seu entusiasmo inclina-se a esmorecer caso não receba retorno, o estímulo ou as informações dos outros. Você gosta de um desafio, então experimente exigir de si mesmo propondo-se uma tarefa que teste as suas habilidades – você seria capaz de levantar $2.500 para uma instituição de caridade local entre as empresas da cidade?

Se você é um captador de recursos secundário, pode não ter a capacidade de adaptação ou entusiasmo inicial de um captador de recursos primário, mas ainda é capaz de manter um projeto em andamento mexendo os pauzinhos e atraindo doações. Você pode descobrir que é mais obstinado trabalhando com uma estabilidade maior e mais duradoura.

Se você é um finalizador-aperfeiçoador ou uma planta, tem tendências mais práticas (veja as páginas 128-129 e 138-139). Os captadores de recursos podem ser excessivamente otimistas, então providencie a injeção de uma dose de realismo quando necessário. Se você conta com um deles na sua equipe, terá um auxílio fantástico quando se tratar de levantar qualquer quantia, porque esse tipo de pessoa usaria os seus relacionamentos e contatos pessoais para atrair mais gente para a causa.

QUAL É O SEU ANIMAL TOTÊMICO?

O uso de animais simbólicos é comum nas culturas xamânicas, especialmente entre os índios norte-americanos ou povos celtas, como uma maneira de se comunicar com a terra, a natureza e a energia de diversos animais. Esses símbolos são considerados "totêmicos" ou "animais sagrados". Tradicionalmente, um animal totêmico é aquele que o acompanha durante toda a vida. Costuma ser um animal com o qual você tem uma afinidade especial. Um animal sagrado, por outro lado, é um espírito em forma de animal que passa uma lição específica para você.

Cada animal totêmico representa uma personalidade, maneira de se comportar ou habilidade. Qualquer pessoa é capaz de lembrar de uma descrição estereotipada de animais, como a de que as corujas são sábias. Os xamãs, porém, vão muito além disso. Os xamãs observam a maneira de viver dos animais, como conseguem o alimento, encontram um companheiro e se protegem, e são capazes de entender os pontos fortes e fracos específicos de cada animal. Em sonhos e visões, os xamãs se comunicam com o "manitu" dos animais – a energia vital imanente desses tipos de animais – para adquirir os conhecimentos relativos a essa determinada espécie animal. Xamãs de diferentes culturas e terras, mas que compartilham semelhantes espécies animais, parecem fazer interpretações semelhantes dos traços e da personalidade dos mesmos animais. Por exemplo, o camundongo representa a observação atenta e minuciosa, por causa da maneira como observa os objetos de perto.

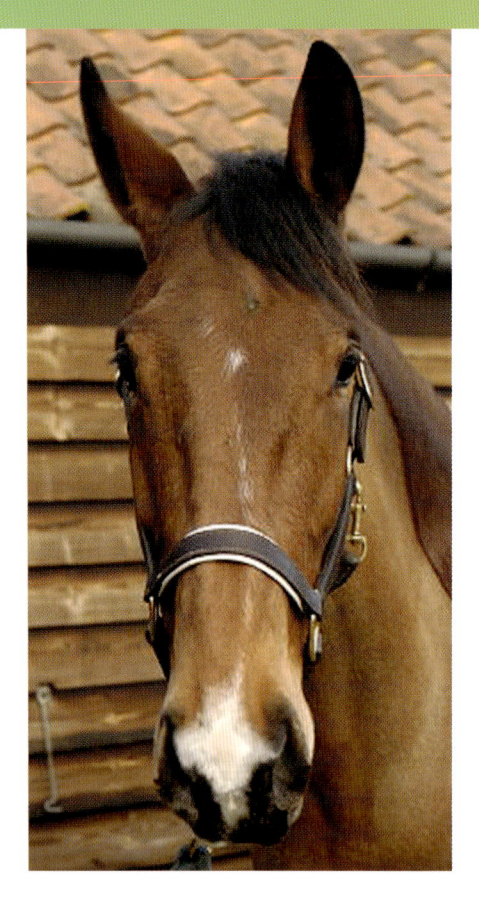

Acredita-se que toda pessoa tenha um *manitu*, ou animal totêmico, particular – às vezes mais de um – com o qual se identifica em especial. Entre os índios, esses totens costumam ser descobertos em visões, sinais ou presságios. Eles acreditam que, quando a pessoa sobrevive ao ataque de um animal selvagem, é porque o animal a escolheu. Na vida moderna, o seu animal totêmico pode se apresentar quando você vê um cartaz com a imagem de um urso, em seguida assiste ao um programa de televisão sobre ursos e finalmente vê um ursinho de pelúcia numa vitrine que lhe atrai por uma razão misteriosa.

Decidir como escolher o seu animal totêmico pode ser simplesmente uma questão de procurar os sinais certos e interpretá-los por muitos ângulos, mas também pode ser uma jornada terapêutica e espiritual, com oportunidades para o crescimento e o conhecimento pessoal.

Nos ambientes modernos urbanos e suburbanos, as oportunidades para encontros muito peculiares com animais são mínimas. No entanto, pense sobre quando você vai a um parque, uma floresta ou zoológico – qual animal tem maior curiosidade em ir ver? Sobre quais animais você tem mais interesse normalmente em aprender? Que animal você considera mais assustador ou intrigante? Existe algum animal que aparece com freqüência nos seus sonhos ou de que você nunca consegue se esquecer?

Animais totêmicos comuns associados a traços específicos de personalidade:

Urso	Poderoso, protetor, auto-suficiente, sonhador
Borboleta	Corajosa, carente de mudança e liberdade, com grande capacidade mental, organizada
Gato	Independente, curioso, esperto, carinhoso, facilmente entediado, imprevisível
Veado	Gentil, carinhoso, bondoso, rápido, intuitivo, alerta
Golfinho	Bondoso, brincalhão, sábio, realista, confiável, hábil comunicador
Cavalo	Bem-disposto, leal, amigável e cooperador, viajante
Cão	Nobre, leal, carinhoso, respeitoso, serviçal e prestativo
Leão	Poderoso, forte, paciente, calmo, sociável, defensor de causas justas
Coelho	Assustadiço, tímido, nervoso, humilde, tendência a se preocupar
Lobo	Leal, perseverante, bem-sucedido, corajoso, com forte consciência de si mesmo

Em que um animal totêmico pode ajudar você?

Um animal totêmico pode ser uma fonte de inspiração, orientação e de poder. Ele pode ajudá-lo a se equipar com o conhecimento e a visão necessários para se comunicar mais eficazmente como o seu ambiente. Você pode incorporar o seu totem na sua vida de muitas maneiras.

• Sinta como é o seu animal totêmico na vida real, observando-o no ambiente dele, numa reserva natural ou no zoológico. Medite sobre a aura dele e tente absorver a energia espiritual e as mensagens que ele lhe transmite.
• Você se sente atraído pelo animal por causa dos conhecimentos que ele lhe transmite. Quais aspectos do comportamento dele são negativos (em termos humanos)? Você manifesta essas tendências? Tente discutir o assunto com um amigo.
• Talvez você possa ter o seu animal totêmico na forma de um bicho de estimação, ou patrocinar o seu animal no zoológico ou reserva natural.
• Encontre uma imagem ou escultura do seu animal totêmico e exiba em casa ou use uma réplica dele no pescoço.

TIPOS OBJETIVOS
VOCÊ É UM FORMADOR DE OPINIÃO?

Todo país precisa de um líder, mas existem muitos modelos para a representação desse papel. Alguns países, como os Estados Unidos, combinam as duas funções de chefe do Estado e chefe do governo – o presidente dos Estados Unidos é tanto o chefe do Estado quanto o chefe do governo. Ele tem o papel de representar o país no exterior e também é a pessoa encarregada de conduzir o país no dia-a-dia. Outro modelo é dividir a liderança entre essas duas funções: o chefe de Estado pode ser alguém da realeza ou um presidente eleito, e o chefe do governo, geralmente chamado primeiro-ministro. A função do primeiro-ministro – conduzir o país – é muito semelhante à função e à personalidade do formador de opinião dentro de uma equipe – conduzir um projeto.

Os formadores de opinião são pessoas profundamente motivadas, com muita energia nervosa e uma grande necessidade de realização. Eles são cordiais e sensíveis, impulsivos e impacientes; e às vezes se irritam e se frustram facilmente. Gostam de desafiar as pessoas e motivá-las a fazer as coisas, mas também reagem aos desafios rapidamente. Quando surgem obstáculos, encontram meios de superá-los. Quase sempre têm rixas, mas as superam rapidamente e não guardam ressentimentos. Voluntariosos e assertivos, tendem a exibir as suas emoções e você logo sabe se estão desapontados ou frustrados.

Os formadores de opinião geralmente são bons gerentes, porque geram ação e trabalham melhor sob pressão. São bem indicados para promover mudanças e não se importam em tomar decisões antipáticas. São pessoalmente competitivos, intolerantes com a indecisão e a hesitação, e as pessoas de fora da equipe podem classificá-los de presunçosos e irritantes. Até mesmo pessoas de dentro da equipe correm o risco de ser atropeladas por eles em certas ocasiões, mas eles fazem as coisas acontecerem e conseguem resultados.

Se você é basicamente um formador de opinião, gosta de liderar e dar ordens aos outros, além de ter muita confiança em si mesmo. Tenta alcançar os seus objetivos por todos os meios possíveis, mesmo se contrariarem as normas. Tende um pouco à paranóia e é sensível a conspirações e fofocas. Problemas de relacionamento podem surgir como resultado das suas frustrações e das críticas dos outros.

Se você é um formador de opinião secundário, tem parte da energia e do empenho do formador de opinião, mas tem mais probabilidade de seguir as normas na busca dos seus objetivos. Também provavelmente demonstra um grau maior de diplomacia do que o formador de opinião primário, que tem poucos escrúpulos quanto a desafiar e criticar os outros. Você tem mais chances de manter uma equipe estável.

Se você é um componente de equipe ou uma planta, provavelmente é mais feliz sendo liderado do que liderando (veja as páginas 130-131). Os formadores de opinião buscam o sucesso, resultados e atingir metas. Se você puder dividir as tarefas em partes menores, vai conseguir o máximo de um formador de opinião, porque ele vai sentir que está conseguindo algo tangível e com regularidade.

TESTE O SEU QUOCIENTE DE LIDERANÇA

Leia a lista de adjetivos e qualificativos a seguir.
Decida qual adjetivo qualifica melhor uma motocicleta ou um ônibus.

Na última coluna da tabela, assinale três adjetivos que melhor qualificam você.

Adjetivo	Motocicleta/Ônibus	Você
Velocidade		
Competitivo		
Vibrante		
Agressivo		
Previsível		
Constante		
Calmo		
Acolhedor		

CLASSIFICAÇÃO/INTERPRETAÇÃO

A motocicleta desloca-se em alta velocidade, mudando de faixa e de trajeto, e leva um único passageiro – o piloto. Se você escolheu três adjetivos pertinentes à motocicleta você é basicamente um formador de opinião.
O ônibus é mais lento, trafega calmamente, segue rotas pré-estabelecidas e tem espaço para todos a bordo. Se você escolheu três adjetivos pertinentes ao ônibus, tem tendências de componente de equipe ou de planta.
Se você escolheu adjetivos variados, então é um formador de opinião secundário.

TIPOS OBJETIVOS
VOCÊ TRABALHA BEM COM OS OUTROS?

As pedras preciosas têm sido usadas em joalheria há séculos. Um estilista de jóias cogita longamente na sua escolha e decide a melhor maneira de usá-las em peças – uma única gema engastada, fileiras de pedras formando um colar ou bracelete ou às vezes uma seleção de gemas reunidas. A questão é que um grupo de itens distintos (ou pessoas) pode dar uma impressão melhor (ou ter um melhor desempenho) como um todo.

Aqueles de nós que gostam de fazer parte de um conjunto ou de um grupo são componentes de equipe. Os integrantes de equipe são sociáveis mas não dominantes. Eles são bons comunicadores, confiáveis, sensíveis e

TESTE AS SUAS PREFERÊNCIAS

Leia integralmente as três questões a seguir e as suas possíveis respostas. Para cada pergunta, escolha uma resposta que melhor representa a maneira como você agiria.

1. Alguns amigos seus foram a um jantar de ano-novo. Todos se ofereceram para lhe trazer algo do jantar. Você:
a) Prefere preparar a sua refeição, assim pode escolher o cardápio e cozinhar do seu jeito?
b) Pede para cada um trazer algo diferente, assim terá uma refeição farta e todos se sentirão úteis e poderão dar a própria contribuição?
c) Aceita a oferta de um ou dois mais íntimos, de modo que o assunto fique só entre vocês?

2. Amanhã é o aniversário do chefe. Você:
a) Dá a idéia de um cartão conjunto com algumas pessoas e depois vê se mais alguém gosta da idéia?
b) Compra o seu próprio cartão de modo a escrever uma mensagem que reflita o seu relacionamento?
c) Prepara um cartão com todo o departamento e pede para todo mundo assinar?

3. Você viaja de férias com um grande grupo de amigos e todos decidiram dedicar um dia para conhecer o local. Você:
a) Assegura que todas as opiniões foram consideradas de modo que todas as idéias sejam levadas em conta na decisão final.
b) Relaxa e deixa que alguém providencie tudo – fica feliz em seguir a decisão do grupo.
c) Assume a liderança para organizar um roteiro para o dia.

dedicados. Tendem a colocar os objetivos do grupo e o seu bom funcionamento acima da sua própria ambição pessoal. Não criticam os outros integrantes do grupo porque respeitam as outras habilidades com que essas pessoas podem contribuir para o grupo, e se esforçam para superar desavenças internas e problemas de relacionamento com um comentário bem-humorado, algumas palavras de elogio ou encorajamento, ou qualquer forma de contribuição que possa reduzir a tensão. A presença de um componente de equipe autêntico pode dar uma enorme contribuição para o sucesso da equipe, simplesmente por facilitar uma melhor cooperação entre os integrantes da equipe.

Às vezes o valor da contribuição deles às metas da equipe pode não ser imediatamente óbvia, mas o efeito da sua ausência ao contrário é muito notado, especialmente em momentos de tensão e pressão. O moral é melhor e as pessoas parecem cooperar mais quando eles estão por perto.

Se você é um componente de equipe, é perspicaz e diplomático, sociável e preocupado com os outros. Tem facilidade em se adaptar em diferentes situações e consegue conviver com as pessoas com as quais não tem muita coisa em comum. É provável que seja indeciso em uma situação de atrito, uma vez que não gosta de críticas ou de portar más notícias. A sua habilidade principal é apoiar as pessoas para concluir a tarefa.

Se você é um componente de equipe secundário, pode ter apenas parte das características de um componente de equipe, ou as exibe em menor grau. É possível que você não seja muito diplomático e muito provavelmente é capaz de falar o que pensa se achar que outro integrante da equipe saiu da linha.

Se você é um formador de opinião ou especialista, é mais provável que prefira liderar a ser liderado (veja as págs. 146-147). Contudo, não subestime o valor dos componentes de equipe. Você pode acha que não são suficientemente competitivos, mas eles são essenciais para a manutenção de uma equipe forte. Eles sabem como juntar as partes num todo, portanto peça-lhes para organizar um trabalho complementar, como o pós-venda.

CLASSIFICAÇÃO/INTERPRETAÇÃO

Some o total de pontos obtidos para as três questões conforme segue.

1. a, 0; b, 2; c, 1.
2. a, 1; b, 0; c, 2.
3. a, 2; b, 1; c, 0.

Se o seu resultado foi de 5 pontos ou mais, você gosta de ver todo mundo envolvido e é basicamente um componente de equipe.
Se o seu resultado foi de 3 ou 4 pontos, você é um componente de equipe secundário.
Se o seu resultado foi de 2 ou menos pontos, você prefere fazer as coisas à sua maneira e provavelmente é um formador de opinião ou especialista.

TIPOS OBJETIVOS
VOCÊ SE APROFUNDA EM ALGUM ASSUNTO?

É preciso ser um determinado tipo de pessoa para se tornar um especialista de alto nível. Quantos de nós gostariam de se dedicar a um assunto, restringindo-se o suficiente para se especializar numa faixa específica do conhecimento? Existem poucas pessoas verdadeiramente adequadas a esse propósito.

Os especialistas se orgulham em adquirir conhecimento técnico e experiência especializada. As suas prioridades centram-se em manter padrões profissionais e em avançar e defender o seu campo de atuação. Eles são indispensáveis em equipes que dependem de conhecimentos técnicos e um conhecimento realmente aprofundado. Nas equipes, eles atuam como consultores internos e requerem apoio e respeito porque sabem mais sobre o assunto do que qualquer outra pessoa, e normalmente podem ser chamados para tomar decisões com base na sua profunda experiência. Em algumas equipes, a falta de um especialista pode emperrar o andamento de todo um projeto.

Contudo, embora os especialistas demonstrem um grande orgulho nos seus próprios assuntos, eles normalmente têm pouco interesse pelos de outras especialidades. Tendem a tratar de especificidades técnicas em vez de buscar soluções holísticas, e são intolerantes com generalistas. A sua habilidade no trato com as pessoas pode ser pífia, uma vez que preferem lidar com informações e assuntos técnicos.

TESTE A SUA INCLINAÇÃO PARA OS FUNDAMENTOS

Os fundamentos das religiões podem ser usados para generalizar aspectos da personalidade. Embora a maioria das principais religiões do mundo seja monoteísta – envolvem a veneração de um deus único – algumas sustentam que Deus pode assumir mais de uma forma e que cada forma desempenha um papel especial e especializado. Pense na sua atitude em relação ao seu trabalho e aos seus colegas e decida sobre qual religião está mais próxima das suas crenças nessa parte da sua vida.

Judaísmo
Existe um único Deus todo-poderoso, que criou o universo e tudo o que há nele, e Deus tem um relacionamento especial com o seu povo. As crenças fundamentais do judaísmo são aquelas contidas na aliança que Deus fez com Moisés no monte Sinai, mais de 3.500 anos atrás.

Se você é um especialista, sente-se mais à vontade no seu nicho, com uma base de conhecimentos relativamente estreita mas aprofundada – pense no Grande Canyon! Você espera que as outras pessoas se especializem também, e acha os generalistas todos confusos. Assegure-se de não perder a noção do conjunto concentrando-se com tanto afinco no seu assunto preferido.

Se você é um especialista secundário, é bem possível que consiga atuar como um especialista em algumas áreas – você não centrou todos os seus esforços em apenas um tema. As vantagens desse modo de pensar é que você tem uma base de conhecimentos mais ampla, mas cuidado para não pensar que domina todas elas; comparado ao especialista primário você não passa de um amador!

Se você é um componente de equipe ou artista, tem uma postura mais generalista em relação à vida (veja as págs. 140-141 e 148-149). Os especialistas podem ser integrantes essenciais em uma equipe mas tendem a seguir o próprio caminho e não realmente a se tornar parte do espírito de equipe, então veja se todos são incluídos sempre que possível e estimule as contribuições deles numa vasta gama de assuntos.

Cristianismo

Existe um único Deus, mas ele se revela em três "pessoas" – Pai, Filho (Jesus Cristo) e Espírito Santo – que são consideradas como uma unidade. A base do cristianismo é que os seres humanos são criados a uma certa distância de Deus e são responsáveis pelas próprias vidas.

Hinduísmo

Existem muitos deuses e deusas, mas esses são todos aspectos de um supremo Deus ou espírito, Brâman. Por exemplo, os deuses Vixnu, Xiva e Brama são formas diferentes de Brâman: Brama reflete a obra divina de Deus na criação do universo, Vixnu reflete a obra de Deus mantendo a existência do universo e Xiva reflete a obra de Deus destruindo-o.

CLASSIFICAÇÃO/INTERPRETAÇÃO

Qual dessas perspectivas religiosas reflete melhor os seus pontos de vista?

Se você escolheu o judaísmo, acha que é melhor ter um pouco de conhecimento de tudo e prefere assumir uma atitude generalista. Provavelmente é um componente de equipe ou artista.

Se você escolheu o cristianismo, acha que um certo grau de especialização pode ser benéfico, mas que no final o que conta é o generalismo. Você é um especialista secundário.

Se você escolheu o hinduísmo, compreende as grandes vantagens da especialização e acha mais interessante quando todo mundo tem um papel distinto a desempenhar. Você é basicamente um especialista.

TIPOS OBJETIVOS

O SEU PERFIL DOS TIPOS OBJETIVOS

Se você fez todos os testes relativos aos tipos objetivos, pode agora computar os seus resultados para obter uma visão geral da sua personalidade objetiva, o que o ajudará a entender os seus relacionamentos com as outras pessoas e a sua preferência natural para as interações com os outros. Circule os quadros respectivos dos seus resultados nos testes e depois adicione o total dos itens circulados em cada coluna.

	A	B	C
Págs. 128–129	Planta	Planta Secundária	Empreendedor ou Especialista
Págs. 130–131	Coordenador	Coordenador Secundário	Empreendedor ou Especialista
Págs. 132–133	Coordenador, Artista	Monitor-Avaliador Secundário	Monitor-Avaliador
Págs. 136–137	Planta ou Captador de Recursos	Empreendedor Secundário	Empreendedor
Págs. 138–139	Coordenador, Empreendedor	Finalizador-Aperfeiçoador Secundário	Finalizador-Aperfeiçoador
Págs. 140–141	Artista	Artista Secundário	Monitor-Avaliador, Final.-Aperfeiçoador
Págs. 142–143	Captador de Recursos	Captador de Recursos Secundário	Finalizador-Aperfeiçoador, Planta
Págs. 146–147	Componente de Equipe, Planta	Formador de Opinião Secundário	Formador de Opinião
Págs. 148–149	Componente de Equipe	Componente de Equipe Secundário	Formador de Opinião, Especialista
Págs. 150–151	Componente de Equipe, Artista	Especialista Secundário	Especialista

Total

CLASSIFICAÇÃO

Se você teve a maioria dos itens circulados na coluna A, então é espontâneo.

Se você teve a maioria dos itens circulados na coluna B ou um número igual em duas colunas quaisquer, então é metódico.

Se você teve a maioria dos itens circulados na coluna C, então é um cumpridor das leis.

INTERPRETAÇÃO

Espontâneo

Você gosta de tirar o máximo das pessoas e usa a sua personalidade para elevar o moral e melhorar o espírito da equipe. Você é um diplomata natural, capaz de se adaptar nas mais variadas situações, convivendo com pessoas com as quais não tem necessariamente muita coisa em comum. É uma pessoa curiosa e detesta restrições, enfrentando os problemas com calma e eficácia. Os seus passatempos e interesses refletem a sua criatividade e imaginação.

No entanto, é bem possível que você seja indeciso em uma situação de atrito, porque não gosta de criticar as pessoas ou dar más notícias. O seu entusiasmo tende a esmorecer se você não tem o retorno ou o estímulo dos outros. A sua personalidade tem um lado preguiçoso e você tem a tendência de querer que alguém faça o seu trabalho.

Cumpridor das leis

Você é inteligente, perspicaz e objetivo, é respeitado pelos seus julgamentos justos. Gosta de executar as tarefas com lógica, e segue as normas, fórmulas e diretrizes, criando-as caso ainda não existam. Sabe como unir as pontas soltas dos projetos porque é persistente e organizado, com um olho para os detalhes, e acompanha tudo minuciosamente até o final.

No entanto, pode ter uma propensão à paranóia, e sensibilidade para conspirações e fofocas. Podem surgir problemas de relacionamento por causa da sua frustração e das suas críticas ao trabalho ou estilo de trabalho das outras pessoas. Você tende a manter as emoções sob controle e pode até ser acusado de frio e arrogante. Às vezes, você perde a noção de conjunto se deixando envolver pelos próprios projetos preferidos e vendo as coisas apenas do seu ponto de vista.

Metódico

Você gosta de se manter à parte do processo de planejamento, mas é capaz de trabalhar à vontade em um ambiente mais caótico. Gosta de cumprir as normas na busca dos seus objetivos, e visa "ter o trabalho feito", mantendo o andamento de um projeto por meio de artifícios e ajuda externa. Consegue superar os desafios com um pouco de estímulo e pode agarrar as oportunidades se elas aparecerem no seu caminho. Os seus amigos e a amizade dos colegas são importantes para você.

Os seus pontos fracos são a sua falta de adaptação: sente-se incomodado em romper as normas para obter uma vantagem ou por um bem maior. É uma pessoa relativamente convencional e tende a seguir o caminho normal em vez de tomar "o atalho menos freqüentado". É bem provável que fale o que pensa se achar que outro integrante da equipe saiu da linha, e essa rudeza verbal poderá torná-lo impopular.

TESTES DE PERSONALIDADE NO RECRUTAMENTO

A maioria das organizações, desde as enormes corporações e instituições de caridade independentes até os prestadores de serviços de saúde e escolas, atualmente colocam os recrutas em potencial diante de uma série de testes como parte do seu processo de seleção. Nos cursos de graduação, isso pode envolver o comparecimento a centros de avaliação, geralmente ao longo de um ou dois dias, concluindo estudos de caso, exercícios de negociação e desafios em equipe. Extenuantes entrevistas individuais podem testar o conhecimento técnico ou a experiência. Depois, costumam ser aplicados testes psicométricos para verificar a aptidão numérica e verbal, além da personalidade.

Muitos pequenos empregadores também usam a avaliação psicométrica para avaliar a personalidade de potenciais funcionários. Existem vários tipos de testes, mas normalmente os candidatos precisam responder a perguntas sobre as suas preferências e interesses. As suas respostas oferecem informações sobre a sua maneira de trabalhar habitual e visam predizer como eles se darão com os colegas.

Os testes são justos?
Diversas pesquisas têm demonstrado que a maioria das pessoas é até certo ponto cética em relação aos questionários de personalidade, em parte porque não consegue entender como a sua personalidade pode ser medida por algumas perguntas, e em parte porque acha difícil perceber o valor de revelar os pensamentos e sentimentos próprios em uma entrevista de emprego.

Estima-se que existam 2.500 testes de personalidade disponíveis às organizações; alguns são de qualidade superior à de outros. Os testes psicométricos profissionais são restritos a pessoas que têm a formação adequada para administrá-los e interpretá-los, e precisam passar por rigorosos controles de qualidade para assegurar que avaliam mesmo o que alegam avaliar e que não sejam discriminatórios em relação a sexo ou raça. Os melhores testes na verdade produzem um perfil razoavelmente exato sobre o caráter do candidato e, portanto, como ele provavelmente irá se comportar no trabalho. Eles têm a vantagem adicional de oferecer um nível de campo de atuação também, de modo que qualquer preconceito do entrevistador em si é neutralizado pelos dados concretos e impessoais.

Como candidato a emprego, você tem o direito de saber o que o seu provável empregador está avaliando, as qualificações do avaliador e se haverá uma oportunidade para discutir os resultados. As suas respostas são essencialmente uma propriedade sua, que você está compartilhando com o empregador e tem o direito que lhe expliquem os resultados. Os testes psicométricos devem ser apenas uma parte do processo de recrutamento e os empregadores devem gastar no mínimo 15 minutos calculando os resultados do teste. Dar um retorno é fundamental.

Será que eu consigo enganar o teste?
A resposta é "sim", é claro que consegue, assim como pode fingir ser alguém que não é na entrevista, ou maquiar o seu currículo com realizações fantásticas. Mas você terá de adivinhar também a personalidade que o empregador procura, o que nem sempre é tão simples quanto você possa imaginar. E muitos dos melhores testes já vêm com perfis de "controle de impressões", que verificam se você está tentando enganar para melhor, enganar para pior ou simplesmente enganar. Existe uma grande variedade de dispositivos para surpreender os impostores, entre eles:

- A mesma pergunta é feita de diversas maneiras em pontos diferentes do questionário e a pontuação indica as principais discrepâncias. Se você tem aquela característica na sua personalidade, vai responder coerentemente.
- O candidato precisa escolher entre dois traços de personalidade "indesejáveis", tais como "Eu me irrito fácil" e "Fico desapontado se não faço as coisas a meu modo". Isso força você a admitir aspectos da sua personalidade que você talvez preferisse não revelar.
- Algumas perguntas soam mal, mas na verdade representam a maioria das pessoas. "Eu disse uma mentira no trabalho" pode ser respondida como "nunca" por alguém que esteja tentando enganar para melhor, quando na realidade praticamente todo mundo disse uma mentira no trabalho alguma vez por alguma razão.

Portanto, se lhe derem um teste na entrevista, não fique tentado a dar as respostas que acha que o entrevistador está procurando. Se você for perfeito demais, eles vão farejar um embuste. E se você precisa fingir ser quem não é, será esse realmente o trabalho que você quer? Se conseguir o emprego estará acumulando problemas, porque pode ser que não esteja preparado para fazer todas as tarefas.

O que devo fazer ao responder aos testes?
Basicamente, fique relaxado e seja você mesmo. Eis alguns conselhos gerais:
- Esteja preparado. Tenha uma boa noite de sono e chegue antes da hora marcada, de modo a estar física e mentalmente pronto para encarar o teste.
- Seja curioso. Procure saber o máximo possível sobre o procedimento do teste e o que ele envolve. Não tenha medo de fazer perguntas.
- Seja confiante. Não existem respostas certas ou erradas. Tenha fé em si mesmo e responda como acha que deve ser.
- Seja você mesmo. É fácil mentir mas, se não for verdadeiro consigo mesmo, é bem provável que se atrapalhe na entrevista. É melhor ser sincero.
- Seja realista. Lembre-se de que esses testes têm a finalidade de encontrar uma pessoa muito específica. Se você não for escolhido, não significa que haja algo errado com a sua personalidade – você simplesmente não é a personalidade que eles estavam procurando. Isso pode até ser um benefício para você, pense bem.
- Peça retorno. As organizações devem dar um retorno sobre o seu teste – use esse retorno de maneira construtiva para refletir com realismo sobre o emprego que está procurando.

TESTES DE PERSONALIDADE... ALÉM DO RECRUTAMENTO

Então você teve uma boa dose de testes psicométricos, incluindo um teste de personalidade e conseguiu o emprego. Chega de testes, certo? Errado! Provavelmente você vai descobrir agora, especialmente em organizações maiores, que os testes continuam sendo aplicados. Existem três outros usos para os testes de personalidade: desenvolvimento profissional (conselhos sobre quais empregos seriam adequados para você no futuro), seleção (para verificar o seu perfil e preferência para uma promoção) e formação de equipes (para montar equipes com o dinamismo certo para o sucesso).

Desenvolvimento profissional

O crescimento profissional pode ser encarado de dois ângulos. As grandes organizações e instituições geralmente mantêm programas de recrutamento especiais, nos quais acompanham as pessoas talentosas que são marcadas como futuros gerentes de níveis superiores. Um ponto de partida comum é passar um período em cada departamento, sentindo um pouco a sua organização e problemas. Os recrutas são então convidados a declarar a sua especialidade preferida, como vendas ou finanças, e são então feitos diversos testes psicométricos para ajudar nessa decisão. É comum que os resultados sejam discutidos abertamente com o candidato, e daí resulta uma discussão sobre a futura colocação do recruta e a definição da sua carreira. Algumas organizações repetem esses processos a intervalos regulares. Todo o processo é geralmente bastante benigno e não ameaçador.

O aconselhamento para o desenvolvimento profissional, incluindo a avaliação de personalidade, geralmente é oferecido depois de uma redundância e dá ao candidato uma oportunidade de sair da rotina e avaliar os seus pontos fortes e fracos em termos de carreiras possíveis. Muitas pessoas se vêem seguindo uma carreira mais por sorte do que por uma decisão, e os testes de personalidade oferecem essa objetividade. Ao lado de uma avaliação do estilo e dos valores de uma pessoa, esse processo pode levar a uma melhor satisfação no trabalho e à realização pessoal. Os benefícios são tais que o aconselhamento para o desenvolvimento profissional costuma ser considerado por pessoas que estejam buscando uma mudança de direção ou de estilo de vida.

Seleção

Imagine que você está no seu cargo atual há dois ou três anos. Você está pensando em galgar o próximo degrau da escada na carreira do sucesso e adquirir mais responsabilidade e a oportunidade de desenvolver novos conhecimentos. O seu chefe anuncia que está se retirando da empresa, ou você vê uma nova colocação anunciada no quadro de avisos da empresa. Você se candidata, é convidado para a entrevista e lhe pedem para fazer um teste de personalidade – de novo!

As mesmas regras se aplicam para responder sinceramente; na verdade, é até mais importante ser você mesmo, uma vez que os seus empregadores têm o seu perfil anterior arquivado. Assegure-se de ter uma cópia das especificações do cargo antecipadamente e pense no tipo de pessoa que seria boa nesse cargo. Você tem as características exigidas? Você deve conhecer bem o seu departamento de recursos humanos a essa altura e está qualificado para receber a avaliação se for um novo recruta.

Formação de equipes

A formação de equipes tem sido reconhecida por muitas empresas como um fator importante para oferecer um serviço de qualidade e manter a competitividade. Há muito poucos empregos atualmente que não tenham um elemento de equipe, ainda que haja algumas equipes cujo desempenho coletivo deixa a desejar dada a qualidade dos componentes. As estruturas de equipe costumam ser complicadas; as pessoas podem participar de várias equipes, a equipe pode ser temporária e formada para um projeto apenas ou ter uma estabilidade permanente.

Podemos definir uma equipe como "um grupo de pessoas trabalhando para uma meta comum" e "formação de equipes" como o processo de habilitar o grupo de pessoas para atingir as suas metas. Um dos fatores mais importantes que podem interferir nesse caminho é a personalidade. Todos tentamos trabalhar com pessoas que eram mandonas, preguiçosas, indiferentes, divergentes e inflexíveis – as mesmas pessoas geralmente são ótimas no que fazem, mas em combinação com as personalidades erradas, a equipe apenas incha. Aí é que entram os testes de personalidade – como uma maneira de identificar as funções na equipe, prever relacionamentos de trabalho bem-sucedidos e evitar choques de personalidade potencialmente destrutivos. A avaliação da personalidade tornou-se uma parte rotineira da vida empresarial.

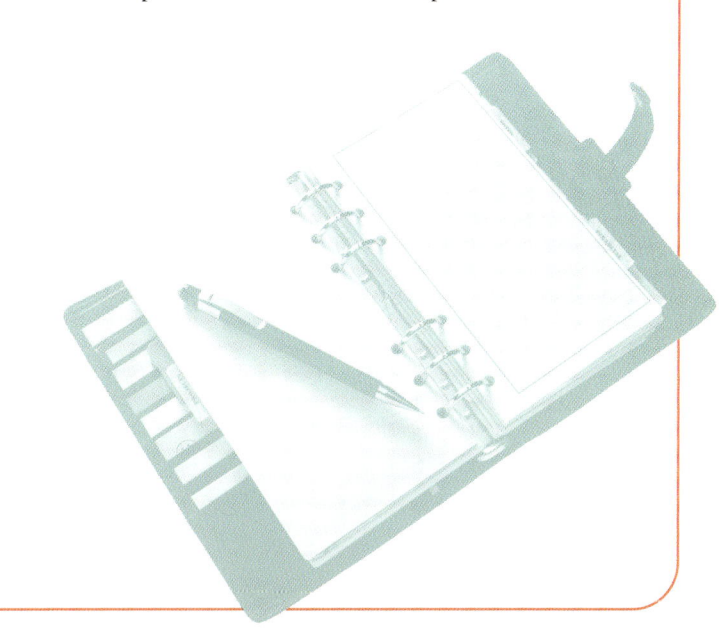

ÍNDICE REMISSIVO

A
Aberto 48–9
Abstração 46–7
Adaptável 54–5
Afável 56–7
Agradável 78–9
Amigável 76–7
Animado 34–5
Animal totêmico 144–5
Apoiador 117
Apreensão 52–3
Arredio 78–9
Artista 133, 140–41, 151
Assertividade 32–3, 68–9
Associatividade 78–9
Autocrático 88–9
Ayurvédica, medicina 104–5

B
Belbin, Funções na Equipe 126
Benefícios da avaliação da personalidade 18–19

C
Caçula *veja* Ordem de nascimento e personalidade
Calado 68–9
Calmo 107
Calor 26–7
Captador de recursos 137, 142–3
Cauteloso 38–9
Centrado 28–9
Colérico 40–41
Comedido 34–5
Componente de equipe 147, 148–9, 151
Conselho Federal de Psicologia 20-21
Confiança em si mesmo 56–7
Confia nos outros 44–5
Confiante 80–81
Consciente dos sentimentos 42–43
Controlador 72–3
Coordenador 130–31, 133, 139
Criativo 28–9
Cultos e personalidade 16–17
Cumpridor das leis 153
Curioso 44–5

D
Dedicação 92–3
Democrático 88–9
Dependente 74–5
Dependente do relacionamento 123
Desenvolvimento profissional 156
Deusas 118–19
Diferencial 24–5, 32–3
Diplomático 48–9
Disciplinado 58–9
Discreto 48–9
Dominante 24–5, 32–3
Doshas 104–5
Drogas de estilo de vida e personalidade 14
Drogas e personalidade 14–15
Drogas para melhorar o desempenho e personalidade 14
Drogas recreacionais e personalidade 14–15

E
Emocionalmente auto-suficiente 63
Emocionalmente dependente 63
Emocionalmente estável 30–31
Emocionalmente neutro 63
Emocionalmente reativo 30–31
Empatia 84–5
Empreendedor 129, 131, 136–7, 139
Eneagrama 9, 98
Enganar na entrevista/currículo 154–5
Entusiasta 114–15
Equilibrado 123
Escolhe as normas 36–7
Especialista 129, 131, 149, 150–51
Espontâneo 58–9, 153
Evita interferir 102–3
Extrovertido 94–5

F
Filho do meio *veja* Ordem de nascimento e personalidade
Filho único *veja* Ordem de nascimento e personalidade
Finalizador-aperfeiçoador 138–9, 141, 143
Fleumático 40–41, 115
Flexível 54–5, 58–9
Formação de equipes 157
Formador de opinião 146-7, 149
Franco 68–9
Frio 26–7

G, H

Grafologia 134–5
Gregário 76–7
Hesitante 80–81
Histórico da avaliação da personalidade 18–19
Honesto 86–7
Horóscopo chinês 114–15
Humores *veja* colérico, melancólico, fleumático e sangüíneo

I

Idade e personalidade 8
Independente 74–5, 113, 123
Indiferente 92–3
Infrator 36–7
Inseguro 52–3
Insensível 42–3, 109
Interessado 92–3
Introvertido 94–5

J, K, L

Jung, Carl 126
Kapha *veja* Doshas
Leal 112–13
Líder 116–17
Lógico 28–9
Lüscher, Teste de Cor de 50

M

Medicina convencional e personalidade 15
Melancólico 40–41
Mentor 102–3
Metódico 153
Minnesota Multiphasic Personality Inventory (MMPI) 25
Modesto 86–7
Monitor-avaliador 132–3, 141
Motivação, teoria da 106
Motivador 106–7
Myers-Briggs Type Indicator (MBTI) 126–7

N, O

Não influenciador 70–71
Numerologia 82–3
Números, significado dos 83
OPQ®, questionário 66–7
Ordem de nascimento e personalidade 10–11
Ousadia 38–9
Ousadia social 38–9, 80–81

P

Pacificador 120–21
Pensador 110–11
Perfeccionismo 58–9
Personalidade
significado da 6–7
tipos versus traços 18
Personalidades múltipas, teoria das 12–13
Persuasivo 70–71
Pitta *veja* Doshas
Planta 128–9, 137, 143, 147
Ponderado 74–5
Pragmático 88–9
Prático 111
Presunçoso 86–7
Primogênito *veja* Ordem de nascimento e personalidade
Privacidade 48–9
Prudente 68–9

Q, R

Quente 26–7
Questionador 121
Questionário dos Dezesseis Fatores da Personalidade (16PF®) 24–5
Razoável 72–3
Recrutamento e avaliação da personalidade 20, 154–5
Reformador 100–101
Relaxado 106–7
Retraído 38–9
Romântico 108–9
Rorschach, testes de 89
Runas 90–91

S

Sangüíneo 40–41
Segue as normas 36–7
Seguro 52–3
Sem empatia 84–5
Sensibilidade 42–3
Sereno 60–61
Sério 34–5, 76–7
Simpático 84–5
Sincero 70–71
Sociável 78–9, 94–5

ÍNDICE REMISSIVO/AGRADECIMENTOS

"Solitário" 56–7
Somatótipos 19
Submisso 72–3

T

Temperamento 40–41
Tensão 60–61
Tenso 60–61
Terapia da cor 50–51
Tipos objetivos 124–5
Tipos subjetivos 96–7
Traços objetivos 66–7
Traços subjetivos 24–5
Tradicionalista 54–5
Tranqüilo 60–61
Transtorno de Identidade Dissociativa (TID) 12–13

V, Y

Vata *veja* Doshas
Vigilância 44–5
Voltado para a terra 46–7
Voltado para o céu 46–7
Voltado para o grupo 56–7
Voltado para o horizonte 46–7
Yin e yang 92–3

A autora gostaria de agradecer a:
Chris, pelo seu encorajamento e apoio
Beth, pelo seu amor e alegria
Charlie, por me afastar quando eu precisava de um intervalo
Haw Park Farm, por estar no lugar certo e na hora certa...
E à dedicada e talentosa equipe de Carroll & Brown

Carroll & Brown gostaria de agradecer a:
Projeto gráfico Emily Cook, Laura de Grasse
Fotografia Jules Selmes, David Yems
Ilustração Jurgen Ziewe, Juliet Percival, Wendy Andrew, Simone Boni, Oliver Burston/www.debutart.com, Alison Barratt/www.thorogood.net
Informática Paul Stradling
Iconografia Sandra Schneider

Créditos das Ilustrações:
pág. 10 Getty Images
pág. 16-17 Reuters/Corbis
pág. 18 Getty Images
pág. 25 (centro) Mary Evans/Charles Folkard
pág. 28 (embaixo, esq.) Cole and Son/www.fabricsandwallpapers.com; (embaixo, dir.) Lewis and Wood/www.fabricsandwallpapers.com
pág. 29 Hoople Collection do CWV Group Ltd/www.wallpaperdirect.com
pág. 30 Charles D Winters/SPL
pág. 32 Bettmann/Corbis
pág. 34-5 Garden Picture Library/Jason Ingram
pág. 36 Touchstone/The Kobal Collection/Marks, Elliott
pág. 37 Orion/The Kobal Collection/Lamana-Wills, Gemma
pág. 40 Mary Evans Picture Library
pág. 42 (alto, esq., embaixo, dir.) Getty Images
pág. 48 Mark Garlick/SPL
pág. 50 (flor azul) Claude Nuridsany e Marie Perennou/SPL
pág. 52 (esq.) World Religions Photolibrary
pág. 55 Thomas Schweizer/Corbis
pág. 56 National Geographic/Getty Images
pág. 57 Peter Chadwick/SPL
pág. 60 Mary Evans/Charles Folkard
pág. 67 (centro) Art Wolfe/SPL
pág. 68 Getty Images
pág. 78 Art Wolfe/SPL
pág. 80 Getty Images
pág. 84 Mary Evans Picture Library
pág. 92 (esq.) Tim Davis/SPL; (dir.) Peter Chadwick/SPL
pág. 98 (centro) Scott Camazine/SPL; (dir.) Getty Images
pág. 99 (centro) Getty Images
pág. 100 Bettmann/Corbis
pág. 102-3 Georgina Cranston/Representação do Tibete, Londres
pág. 106 Getty Images
pág. 108 Getty Images
pág. 110 (alto) Getty Images; (embaixo) Bettmann/Corbis
pág. 112 (alto) Scott Camazine/SPL; (embaixo) Sinclair Stammers/SPL
pág. 113 James H. Robinson/SPL
pág. 116 Keystone/Rex Features
pág. 118 (embaixo) Peter Chadwick/SPL
pág. 120 (esq.) Getty Images
pág. 127 (centro) Getty Images
pág. 132 Getty Images
pág. 136 Hufton and Crow/View/Romy and John Skok
pág. 136/7 Glas Architects
pág. 146 Triumph Speed Triple, cortesia de Triumph Motorcycles Limited
pág. 150 Getty Images